DAS GROSSE BIBI BLOCKSBERG BUCH

Geschichten, Spiele, Spaß

ISBN 3-8212-2243-3
© 2000 hör+lies Verlag GmbH
Lizenz durch Christiane Gosda
Lizenzagentur GmbH, Hamburg
Verantwortlich für diese Ausgabe:
Xenos Verlagsgesellschaft mbH
Am Hehsel 40, 22339 Hamburg
Texte: Barbara Madee nach Geschichten
von Elfie Donnelly (S. 6), Ulf Tiehm (S. 22, 57)
und Ulli Herzog (S. 42)
Konzept und Activity-Seiten:
Iris Brennberger-Zens, Berlin
Einband-Typo: Traute Frost, Hamburg
Illustrationen und Produktion:
Comicon S.L., Barcelona
Printed in Slovakia

Inhalt

Bibi feiert Geburtstag	6
Verhexte Schatten	14
Flauipauis Blumenkleid	15
Fast wie gehext!	16
Freundschaftsbänder fürs Haar	18
Tiere hexen und Hexenblick	19
Einladungen für Eingeweihte	20
Der weiße Kakadu	22
Willkommen zur Hexenparty	29
Bibis Lieblingspizza	30
Walpurgisnacht auf dem Blocksberg	31
Raten & Reimen – 1	32

Schubia im Punker-Dress	33
Besen-Hockey und Hellsehen	34
Schoko-Lakritz-Spinnen	35
Hexen-Lexikon	36
Wettlauf zur Walpurgisnacht	40
Die Computerhexe	42
Bilder-Kreuzworträtsel	49
Der magische Luftballon	50
Karten Wahrsagen	51
Raten & Reimen – 2	52
Die Hexenschlange und der magische Kreis	53
Fledermäuse im Anflug	54

Schubias Strubbel-Köpfe	55
Mania, die Meisterhexe	56
Der Blaue Brief	57
Post zum Puzzeln	64
Hexenfangen und Wollewickeln	65
Die Kettenreaktion	66
Gedankenlesen	67
Knusper, Knusper, Knäuschen	68
Such mit!	69
Glitzer-Girl und Öko-Hexe	70
Bibi und das Pop-Konzert	71
Wie gut kennst du Bibis Welt?	78

Bibi feiert Geburtstag

Bernhard Blocksberg kam müde von der Arbeit nach Hause. Ein Kollege war krank geworden, er hatte Überstunden machen müssen und war jetzt kaputt und hungrig. Hmmm! Er hob die Nase. Aus der Küche drangen verführerische Essensdüfte. Barbara Blocksberg stand am Herd und rührte in einer großen Schüssel. Sie sah kurz hoch, als ihr Mann eintrat. „Hallo, Bernhard, mein Schatz", murmelte sie. „Da bist du ja schon." Bernhard runzelte die Stirn.

„Schon?", fragte er. „Es ist bereits halb acht!" Barbara sah überrascht auf ihre Uhr. „Ach, Bernhard, tut mir Leid", entschuldigte sie sich und drückte ihrem Mann einen Kuss auf die Wange. „Ich war so mit den Vorbereitungen für Bibis Geburtstag morgen beschäftigt, dass ich die Zeit vollkommen vergessen habe." Bernhard schüttelte verständnislos den Kopf. „Und dass unser Telefon kaputt ist, hast du wohl auch nicht bemerkt". „Seit Stunden versuche ich, hier anzurufen, um euch zu sagen, dass ich später komme. Aber ständig kam nur das Besetztzeichen. Ich muss sofort die Störungsstelle anrufen."

Als Bernhard die Tür zum Wohnzimmer öffnete, blieb er wie angewurzelt stehen. Seine Tochter Bibi lag mit übereinander geschlagenen Beinen auf dem Sofa und telefonierte: „Du rätst nicht, wer noch zu meiner Party kommt ..." Erschrocken hielt sie im Satz inne und sprang hoch. „Bibi Blocksberg!", donnerte Bernhard. „Hör augenblicklich mit dem Telefonieren auf!" „Äh ... Marita ... ich muss Schluss machen", stotterte Bibi, legte den Hörer auf und sah ihren Vater schuldbewusst an. „Ich wollte doch nur ..." „... die letzten drei Personen in Neustadt anrufen, die du noch nicht zu deinem Geburtstag eingeladen hast", vollendete Bernhard verärgert den Satz. „Mami und ich haben dir erlaubt, eine kleine Party zu machen, von einem Volksfest war nicht die Rede." „Aber Papi", verteidigte sich Bibi. „Ich werde morgen dreizehn. Das ist ein ganz besonderer Geburtstag, und den will ich mit meinen besten Freunden feiern." „Und wie viele beste Freunde hast du?", fragte Bernhard Blocksberg spöttisch. „Zweihundert... dreihundert?" „Sehr witzig!", maulte Bibi. „Aber ich hab auch keine Lust, nur mit Marita und Moni hier zu sitzen." „Wie viele?", beharrte Bernhard. „Äh ... also ... Marita, Moni ...", begann Bibi aufzuzählen. Zum Glück betrat in diesem Moment ihre Mutter das Zimmer.

"Ach, Bernhard", versuchte sie, ihren Mann zu besänftigen. "Nun lass sie doch. Sie freut sich so auf ihre erste Party. Auf eine Person mehr oder weniger kommt es doch nicht an. Bibi weiß doch auch, dass unser Wohnzimmer nicht die Neustädter Stadthalle ist, nicht wahr, Bibilein?" "Genau", bestätigte ihre Tochter erleichtert. "Und außerdem seid ihr ja gar nicht da. Und wenn ihr wiederkommt, wird hier alles so aussehen, als wäre nichts gewesen." "Das will ich erst mal sehen", knurrte Bernhard.

Bibi konnte an diesem Abend vor Aufregung kaum einschlafen. Hoffentlich würde ihre Party ein Erfolg. Was wäre, wenn sich ihre Gäste langweilten oder viele gar nicht erst kämen? Hatte sie die richtige Musik? Ob Tobias wirklich seinen älteren Bruder mitbrachte?

Am nächsten Morgen gab es in der Schule nur ein Thema: Bibi Blocksbergs Geburtstagsparty. Die Schulstunden dehnten sich endlos, aber schließlich war auch das überstanden, und Bibi flog im Schnellgang auf ihrem Besen nach Hause. Ihre Eltern hatten sich bei Barbaras Freundin Amanda zum Kaffee angesagt und standen schon startbereit im Flur, als Bibi zu Hause ankam. "Ich weiß nicht, Barbara, ob das eine gute Idee ist, die Kinder hier allein feiern zu lassen", sagte Bernhard besorgt. "Mach dir keine Gedanken, Papi", versicherte Bibi. "Ich pass schon auf, dass nichts passiert. Zur Not kann ich ja hexen." "Untersteh dich!", rief Bernhard. "Bibi", sagte Barbara streng. "Dein Vater hat Recht. Versprich mir, dass du hier nicht herumhext, wenn ich nicht da bin." "Auch nicht im Notfall?", wandte Bibi ein. "Es wird hoffentlich keinen Notfall geben", erwiderte ihr Vater schnell. "Naja", überlegte Barbara. "Man kann nie wissen. Wenn es wirklich ein Notfall ist, sollten wir ihr schon erlauben zu hexen, Bernhard. Außerdem bin ich ja nicht aus der Welt und du kannst mich jederzeit rufen. Also, Bibilein", Barbara nahm ihre Tochter in den Arm. "Viel Spaß, meine Kleine, und denk dran, wir sind am Abend wieder hier, und bis dahin habt ihr hier alles aufgeräumt."

Bibi versprach noch einmal, keinen Unsinn zu machen, und dann waren ihre Eltern endlich weg. Bibi sah sich im Wohnzimmer um. Alles bestens: Zum Tanzen war genug Platz, wenn man die Möbel ein wenig zur Seite rückte, Salate und Getränke standen in der Küche – eigentlich konnten die Gäste kommen. Nein, halt mal! Sicher hatten sich alle für die Party besonders fein gemacht, nur sie sah aus wie immer. Da musste noch was geschehen.

Eilig lief sie ins Badezimmer, holte die Schminksachen ihrer Mutter hervor und malte sich die Lippen rot, legte ein wenig Rouge auf und tuschte sich ihre Wimpern. Sie sah zufrieden in den Spiegel. Schon besser! Jetzt noch was Cooles zum Anziehen. Aber was? Nach kurzem Überlegen entschied sie sich zu hexen. Ein richtiger Notfall war das zwar nicht, aber was sollte schon passieren? Also: "Eene meene keine Knete, ich will Kleider für die Fete. Hex-hex!" Super! Bibi drehte sich begeistert vorm Spiegel. Sie hatte sich einen Minirock gehext, ein kurzes T-Shirt und Turnschuhe mit dicken Sohlen.

In diesem Augenblick klingelte es an der Haustür. Es waren Marita und Florian. „He, Bibi", rief Marita. „Du siehst ja toll aus!" „Kommt rein", begrüßte Bibi die beiden. „Ihr seid die ersten." Jetzt konnte die Party losgehen. „Flori", bat Bibi ihren Freund. „Mach schon mal Musik an. Aber sei vorsichtig mit Papis Stereoanlage." Sie lachte. „Die ist ganz neu und Papis Heiligtum." Schon klingelte es wieder an der Tür. Die nächsten Gäste kamen. Und dann ging es Schlag auf Schlag. Innerhalb kurzer Zeit war das Wohnzimmer der Blocksbergs voll.

Immer mehr Freunde, Freunde von Freunden, Schulkameraden und deren Geschwister und sogar Fremde, die den Partylärm von der Straße gehört hatten, rannten ins Haus. Bibi war selig.

„Echt starke Fete, Bibi", rief ihr ein Junge zu, den sie nicht kannte. „Macht die Musik mal lauter! Ich hör nichts!" „Geht nicht lauter", rief Florian zurück. „Das Ding qualmt schon!" Es war ein Höllenspektakel.

Plötzlich tippte jemand Bibi auf die Schulter: „He, Blocksberg, meinen Glückwunsch zum Geburtstag!" Bibi fuhr herum. Vor ihr standen die beiden Junghexen Arkadia und Schubia Wanzhaar. „Schubia! Arkadia! Woher wußtet ihr ...?", stammelte Bibi überrascht.

„Na, eure Mucke dröhnt doch durch ganz Neustadt. Echt super, was hier abgeht!" Schubia lachte schallend. „Wissen Mami und Papi davon?" „Äh ... klar ...", antwortete Bibi. „Schön, dass ihr da seid." Arkadia sah sich um. „Bisschen wenig Platz hier zum Abtanzen", mäkelte sie. „Man kann sich kaum noch bewegen." Arkadia hatte Recht. Dicht gedrängt bewegten sich die Tanzenden fast auf der Stelle. Die Stehlampe war schon an die Wand geschoben, ein Paar tanzte auf dem Couchtisch und ein Junge hüpfte im Rhythmus der Musik auf Papis Sessel. Auweia! Die schönen neuen Möbel! Bibi biss sich auf die Lippe. Dies war ein echter Notfall! Sie musste dringend etwas

unternehmen, sonst ging hier alles in die Brüche. Schnell sagte sie einen Hexspruch. „Eene meene hohle Gasse, alle Möbel auf die Straße. Hex-hex!" Im Nu war Blocksbergs Wohnzimmer leer. „Spitze, Bibi!", rief Arkadia und begann wie wild im Kreis zu tanzen. Schubia Wanzhaar grinste. „Und ich misch' jetzt mal die Kindermucke auf", rief sie. „He, Leute, hier ist euer DJ Schubia Wanzhaar." Sie ging zum Plattenspieler, schob Florani zur Seite und schrammte mit dem Tonarm des Plattenspielers über die Platte. Das Geräusch war unbeschreiblich, und Bibis Gäste kreischten vor Begeisterung.

„Mann, Schubia, hör auf damit!", rief Bibi. Langsam wurde ihr mulmig. Papis geheiligter Plattenspieler! Das konnte nicht gut gehen. Überhaupt, irgendwie lief die ganze Sache hier aus dem Ruder, seit Schubia und Arkadia aufgetaucht waren. Arkadia wirbelte wie ein Derwisch über die Tanzfläche, und die anderen Gäste versuchten, es ihr gleich zu tun. Bibi war zwar sehr stolz darauf, dass ihre Gäste so viel Spaß hatten, aber der Gedanke, daß ihre Eltern bald heimkommen würden, verursachte ihr wachsendes Unbehagen. Ach was! beruhigte sie sich energisch. Zur Not musste sie eben noch mal hexen. Sie wurde schließlich nur einmal dreizehn.

Plötzlich sah Bibi, wie Marita ihr aufgeregt zuwinkte und verzweifelt versuchte, sich einen Weg zu ihr durch die Menge zu

bahnen. „Bibi", schrie Marita und zeigte zur Wohnzimmertür. „Deine Eltern!"

Was? Bibi blieb vor Schreck fast das Herz stehen. Wieso denn jetzt schon? Vater Bernhard hatte sich zum Plattenteller durchgekämpft und drehte die Musik aus. Augenblicklich war es mucksmäuschenstill im Raum. Herr Blocksberg bebte vor Zorn. „Bibi", stieß er mit mühsam beherrschter Stimme hervor. „Sag bitte deinen Freunden, dass die Party beendet ist, und zwar auf der Stelle."

„Ja, Papi", murmelte Bibi. Doch Bibi brauchte ihren Gästen gar nichts zu sagen. Schubia Wanzhaar war die Erste, die sich eilig verabschiedete. „Hab echt Spaß gehabt, Blocksberg", sagte sie und schlug Bibi auf die Schulter. Dann griff sie ihren Besen Kawakasi und machte sich mit Arkadia aus dem Staub. Innerhalb weniger Minuten waren alle Geburtstagsgäste verschwunden. Barbara Blocksberg stand mit entsetztem Gesicht in der Tür. „Bibi", flüsterte sie fassungslos. „Was ist hier passiert?" Sie sah sich im Wohnzimmer um. „Wo sind meine Möbel? Mein Sofa? Papis Sessel?" „Die hab ich bloß vor die Tür gehext, Mami", versuchte Bibi ihre Mutter zu beruhigen. „Vor die Tür?", rief Barbara. „Draußen stehen aber keine Möbel, und außerdem regnet es." „Das kann nicht sein", sagte Bibi und lief ans Fenster. Tatsächlich! Es goss in Strömen und von den Möbeln keine Spur. „Mami, ich versteh das nicht!", rief sie erschrocken. „Aber ich!", schnaubte Vater Bernhard wütend. „Heute ist Sperrmüll. Wahrscheinlich stehen unsere schönen neuen Möbel mittlerweile auf einer Müllhalde!" Bibi sah ihre Mutter Hilfe suchend an. „Wir können sie doch wieder zurückhexen", schlug sie eilig vor. „Wie denn?", fragte Barbara ärgerlich. „Ich weiß ja nicht mal, auf welcher Müllhalde sie gelandet sind! So einfach geht das nicht!"

Bernhard kniete derweil vor seinem Plattenspieler und schimpfte laut vor sich hin. „Mein guter Plattenspieler. Den kann ich wegschmeißen. Das hat ein Nachspiel, Töchterchen!" „Lass mich mal ran, Papi", bot Bibi an. „Vielleicht kann ich ihn wieder heilhexen." „Du hast genug Unheil mit deiner Hexerei angerichtet", fuhr Barbara dazwischen. „Den Plattenspieler hex ich heil, und du kümmerst dich um das Chaos hier. Und zwar ohne Hexerei!" Widerspruchslos ging Bibi in die Küche, um Besen und Wischlappen zu holen. Während sie die Küche aufräumte und den Wohnzimmerboden aufwischte, hexte Barbara Bernhards Plattenspieler wieder in Ordnung und Bernhard rief bei der Müllabfuhr an, um herauszufinden, auf welcher Müllhalde die Blocksberg'schen Möbel gelandet waren.

Inzwischen hatte der Regen aufgehört und es wurde langsam dunkel. Auf der Mülldeponie hinter dem Neustädter Bahnhof saßen Kalle und Erwin, zwei Müllmänner, auf leeren Apfelsinenkisten und tranken Bier aus Dosen.

„Mensch, Kalle", sagte Erwin und schüttelte den Kopf. „So'n Dusel hat man nicht jeden Tag. Die Möbel da sind nigelnagelneu! Wer schmeißt denn so was weg?" „Wohlstandsgesellschaft", brummte Kalle und nahm einen langen Zug aus seiner Bierdose. „Ich sage dir, Erwin, den Menschen heute geht's einfach zu gut." „Mir auch recht", antwortete sein Kolege. „Meine Frau wird sich freuen. Und der Sessel da, der ist für mich."

Plötzlich hörten sie über sich seltsame Geräusche. Sie sahen hoch. „Kalle", flüsterte Erwin erschrocken. „Siehst du, was ich sehe?" Kalle fuhr sich mit dem Handrücken über die Augen. „Verdammter Alkohol", schimpfte er. „Ich seh einen Mann und eine Frau auf einem Besen durch die Luft fliegen." Erwin war mit einem Satz auf den Beinen. „Ich seh zwei Besen!", rief er. „Auf dem zweiten sitzt ein Mädchen!"

Mit weit aufgerissenen Augen beobachteten die beiden Männer, wie die Besen landeten und der Mann und die Frau, gefolgt von dem Mädchen, auf sie zukamen. Ängstlich wichen die Männer einen Schritt zurück.

„Guten Abend", begrüßte Bernhard die beiden Müllmänner. „Blocksberg ist mein Name." Erwin fand als Erster die Sprache wieder. „Ich bin Erwin und das hier ist mein Kumpel Kalle." Bernhard gab den Männern die Hand. „Wir... äh ...", begann er stockend und blickte sich Hilfe suchend nach seiner Frau um. „Wir wollten nur unsere Möbel abholen", erklärte Barbara Blocksberg freundlich.

Kalle und Erwin sahen sich fragend an. „Ihre Möbel? Haben wir nicht!", antwortete Erwin. Barbara zeigte auf die Möbel, die die beiden Männer um sich herum aufgestellt hatten. „Aber hier stehen sie doch!", rief sie. „Nee, Gnädigste", brummte Kalle feindselig. „Das hier sind unsere Möbel. Heute frisch vom Sperrmüll!" Bernhard überlegte fieberhaft, wie er den beiden Männern, die offensichtlich schon reichlich Bier getrunken hatten, klarmachen sollte, dass seine Möbel nur versehentlich auf dem Sperrmüll gelandet waren. „Also, das war so: Meine Tochter Bibi hat unsere Möbel heute vor unsere Tür gestellt, weil sie mal gründlich sauber

Möglichkeit finden, ihre Möbel nach Hause zu schaffen. Tragen konnten sie sie schließlich nicht. „Wenn ich die Sachen einfach weghexe, trifft die beiden der Schlag", überlegte Barbara. „Bernhard", schlug sie daher vor, „gib den Männern ihr Geld und versuch, sie abzulenken."

Herr Blocksberg zog umständlich sein Portmonee aus der Tasche, und während er die Müllmänner in ein Gespräch verwickelte, sagte seine Frau leise einen Hexspruch: „Eene meene Kleiderbügel, uns're Möbel kriegen Flügel. Eene meene Himbeerbrause, sie fliegen still und leis' nach Hause. Hex-hex!"

machen wollte." „Die Kleine da?" Erwin schlug sich lachend auf die Schenkel. „Die Kleine da hat Ihre Möbel ganz allein auf den Sperrmüll gestellt? Nee, Chef, da müssen Sie sich schon was Besseres einfallen lassen." „Denken Sie vielleicht, ich kann das nicht?", rief Bibi entrüstet. „Lass mich das mal machen, Bibi", wies Vater Bernhard sie zurecht. „Also, wie wär's", schlug er vor, „wenn ich Ihnen eine kleine Summe für die Möbel zahlen würde – als Finderlohn sozusagen?" Kalle und Erwin überlegten einen Moment. „Von mir aus", nuschelte Kalle. „Was meinst du, Erwin?" „Naja", sinnierte Erwin. „Möbel hab ich ja eigentlich schon. Und Bargeld lacht, was Kalle?" Er grinste breit.

Bernhard und Barbara Blocksberg atmeten auf. Jetzt mussten sie nur noch eine

Funken sprühten, Sternchen blitzten und aus den Blocksberg'schen Möbeln wuchsen große weiße Flügel. Bernhards Sessel hob als Erster vom Boden ab und flog davon, gefolgt vom Sofa, dem Couchtisch und den anderen Sachen.

„Komm, Bibi", flüsterte Barbara, „hol jetzt deinen Vater. Ich flieg schon mal los, damit jemand im Haus ist, wenn unsere Möbel ankommen." In diesem Moment entdeckte Kalle die fliegenden Möbel in der Luft und rieb sich die Augen. „Ich glaub, ich spinne", stotterte er. „Erwin, kuck mal. Die Möbel fliegen weg." Bibi forderte ihren Vater eilig auf, sich hinter ihr auf Kartoffelbrei zu setzen, und startete ihren Besen. „Eene meene mei, flieg los, Kartoffelbrei. Hex-hex!" Augenblicklich hob der Besen vom Boden ab, und Bernhard

klammerte sich ängstlich an seiner Tochter fest. Er hasste diese Fliegerei!

Kalle und Erwin sahen den entschwindenden Blocksbergs stumm hinterher. Kopfschüttelnd ließ Kalle sich wieder auf seiner Apfelsinenkiste nieder und starrte auf die Bierdose in seiner Hand. Dann schleuderte er sie im hohen Bogen von sich weg. „Nie wieder Alkohol", entschied er. „Ich glaub, ich hab Halluzinationen! Menschen fliegen auf Besen, Möbel kriegen Flügel! Nee, Erwin, Schluss damit." Erwin betrachtete nachdenklich die Geldscheine in seiner Hand. „Aber das Geld ist echt, glaub ich", sagte er. „Komm, Kalle, lass uns gehen. Ich brauch 'ne Mütze Schlaf."

Bibi und ihre Eltern waren inzwischen wieder zu Hause. Alle Möbel standen dort, wo sie hingehörten. Alles sah wieder so aus als sei nichts passiert. Doch Vater Bernhard und Mutter Barbara hatten noch kein Wort mit ihrer Tochter gewechselt, seit sie die Müllhalde verlassen hatten.

Schließlich konnte Bibi das Schweigen nicht mehr aushalten. „Mami, Papi, es tut mir Leid", versuchte sie zaghaft eine Entschuldigung. „Was tut dir Leid?" fragte Bernhard eisig. „Dass du aus unserem Haus eine Disco machst, während wir nicht da sind, dass du meinen Plattenspieler ruinierst und unsere Möbel auf die Straße hext?" Er sah seine Tochter böse an. „Und wasch dir endlich diese Schminke aus dem Gesicht!" Bibis Augen füllten sich mit Tränen. „Aber ich wollte doch nur, dass es ein ganz toller Geburtstag wird", flüsterte sie. „Ach, Bernhard", mischte sich Frau Blocksberg ein.

Bibi begann ihr Leid zu tun. „Ich glaube, die Party ist Bibi einfach über den Kopf gewachsen. Dass sie so enden würde, hat sie sicher nicht gewollt." Bibi sah ihre Mutter dankbar an. „Genau. Und jetzt ist doch auch alles wieder in Ordnung! Ach, Papilein, nicht mehr sauer sein." Sie setzte sich auf die Lehne von Bernhards Sessel und gab ihm einen Kuss. Bernhard verzog das Gesicht und sah seine Tochter kopfschüttelnd an. „Und mit ein bisschen Papilein und ein bisschen Küsschengeben wickelt man seinen alten Vater wieder um den Finger, nicht wahr?" Er fuhr sich müde mit der Hand übers Gesicht. „Wenn ich nicht so todmüde wäre und du heute nicht Geburtstag hättest, kämst du nicht so einfach davon!" Erleichtert fiel Bibi ihrem Vater um den Hals. „Das nächste Mal pass ich besser auf. Das verspreche ich", rief sie. „An das nächste Mal möchte ich im Augenblick noch nicht mal denken", seufzte ihr Vater. „Und jetzt ab ins Bett."

Als Barbara Blocksberg wenig später in Bibis Zimmer kam, um ihr einen Gutenachtkuss zu geben, war Bibi schon fast eingeschlafen. „Gute Nacht, meine Kleine", sagte sie leise und beugte sich zu ihrer Tochter hinunter. Bibi blinzelte sie schlaftrunken an. „Mami", murmelte sie. „Danke. Das war ein Supergeburtstagsfest! Das haben alle gesagt. Ein richtiger Hexengeburtstag. Und jetzt bin ich dreizehn." Mit diesen Worten drehte sie sich auf die Seite und war im Nu eingeschlafen.

Flauipauis Blumenkleid

Möchtest du einmal aussehen wie Bibi und die anderen Junghexen?
Nichts leichter als das!
Bibi zeigt dir die tollsten Kostümideen!

Das Blumen-Kind

Bibis Freundin Flauipaui ist ein bisschen schüchtern und verträumt. Sie liebt Blumen. Deshalb hat sie auch ihren Besen *Gänseblümchen* getauft. Flauipaui ist ein wenig eitel. Dann guckt sie in den Handspiegel, den sie immer bei sich trägt. Sie ist eine treue Freundin. Niemals würde sie jemandem etwas Übles tun!

Dein Kostüm

Flauipaui trägt ein kurzes, schickes Kleid.

Blumen sind ganz wichtig. Du kannst sie ans Kleid heften, dein Haar damit schmücken und sie an die Schuhe stecken.

Vergiss *Gänseblümchen* nicht! Schmücke einen Haushaltsbesen mit echten oder künstlichen Blumen und binde eine rote Schleife um den Stiel.

Wenn draußen gerade Gänseblümchen wachsen, solltest du eine Kette daraus machen. Dafür musst du nur die Stengel einritzen und ineinander stecken.

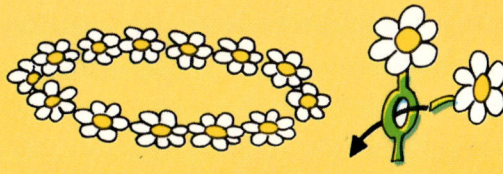

Am besten trägst du flache Ballerinas oder Gymnastikschuhe.

Flauipaui hat immer ihren Handspiegel dabei!

Fast wie gehext!

Hexen kann man nicht lernen, als Hexe muss man geboren werden. So wie Bibi, ihre Mutter Barbara und Oma Grete. Aber du kannst natürlich so tun, als wärst du eine Hexe. Bibi verrät dir ein paar tolle Tricks, mit denen du deine Freunde verblüffen kannst.

Die wichtigsten Hex-Regeln

Führe deine Tricks erst vor Publikum vor, wenn du sie sicher beherrschst!

Plane deinen Auftritt sorgfältig: Was wirst du sagen? Wie bewegst du dich? Besonders wirkungsvoll ist es, wenn du dich verkleidest. Auch ein hexisch dekorierter Tisch und eine große Glaskugel machen sich gut!

Halte Abstand zu deinen Zuschauern. Lass keinen hinter dir oder direkt neben dir stehen. Das Licht sollte gedämpft sein!

Ruhe bewahren – auch wenn etwas schief geht! Für den Fall, dass etwas nicht klappt, solltest du dir schon vorher einen passenden Spruch überlegen!

Wenn ein Trick nicht funktioniert, wiederhole ihn höchstens einmal. Danach zeige lieber etwas anderes. Endlose Wiederholungen langweilen dein Publikum nur!

Verrate keine Tricks!
Zeige niemals deine Hex-Utensilien!

FLIEGENDES WASSER

Was passiert, wenn Bibi ein Glas mit Wasser nimmt, eine Postkarte darauf legt und dann das Glas kippt? Nichts! Dabei hat sie nicht einmal gehext. Sie hat nur einen einfachen Trick angewandt. Auch du kannst ihn im Handumdrehen lernen.

Hex-Zubehör

Ein durchsichtiges Glas, ein Krug mit Leitungswasser und eine Postkarte.

Zeige deinem Publikum das leere Glas. Erkläre, dass es sich um ein ganz normales Glas handelt und dass nichts präpariert wurde. Anschließend gießt du das Wasser aus dem Krug ein. Das Glas sollte randvoll sein.

Lege eine Postkarte auf das Glas. Halte die Karte gut fest und stelle das Glas auf den Kopf.

Jetzt ist der große Moment gekommen! Sprich laut: „Eene meene rechtes Maß, Wasser bleibe in dem Glas. Hex-hex!"
Nimm die Hand unter dem Glas weg. Die Postkarte bleibt von alleine am Glas kleben, ohne dass Wasser ausläuft!

Freundschaftsbänder fürs Haar

Bibi und Xenia tragen bunte Freundschaftsbänder im Haar. Diese coolen Hair Wraps, wie die Bänder heißen, kannst du auch selber basteln. Befolge einfach die Anleitung.

Du brauchst:

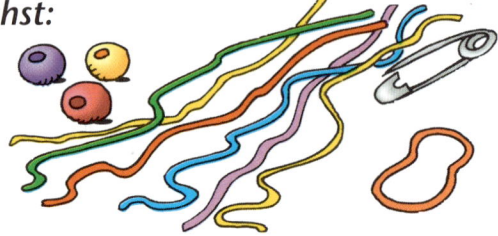

Verschiedenfarbige Fäden, am besten Perlgarn oder Sticktwist (6 mal so lang wie das Band werden soll) – Haargummi – Sicherheitsnadel – große Perlen.

1. Lege alle Fäden nebeneinander zu einem Strang. Verknote ein Ende des Strangs mit dem Haargummi.

2. Stecke den Haargummi mit der Sicherheitsnadel an einer Unterlage fest.

3. Wähle einen Faden aus. Die restliche Fäden fasst du zu einem Strang zusammen. Nun musst du den einzelnen Faden ganz dicht um die anderen herumwickeln.

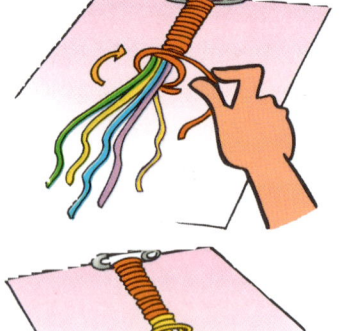

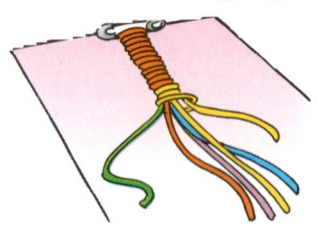

4. Farbwechsel: Dafür legst du den äußeren Faden locker um den Strang und ziehst das Fadenende zu einem einfachen Knoten durch. Dann ziehst du den Faden fest und legst ihn zu den anderen.
Anschließend wählst du einen andersfarbigen Faden aus und wickelst diesen um den Strang.

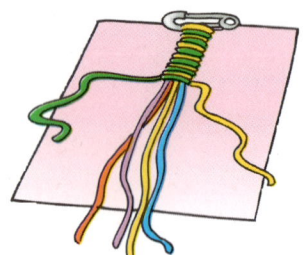

5. Du kannst auch zwei Fäden abwechselnd um den Strang legen, so dass nicht nur einfarbige Abschnitte entstehen.

7. Mit Hilfe des Gummis kannst du nun das Freundschaftsband in deinen Haaren befestigen.

6. Zum Schluß verknotest du die Fäden und befestigst eine Perle daran.

Tiere Hexen und Hexenblick

Wenn Hexen eine Party feiern, geht es ganz besonders lustig zu. Auch Bibi kennt viele witzige Hexenspiele. Du kannst sie selber ausprobieren. Dass du nicht wirklich hexen kannst, macht nichts – du kannst ja einfach so tun als ob.

Tiere hexen

Wer kann hüpfen wie ein Floh oder wiehern wie ein Pferd?

Bei diesem Spiel sitzen alle Partygäste im Kreis. Ein Platz bleibt leer.

Das Kind rechts neben dem freien Platz beginnt und hext sich ein Tier herbei. Dazu sagt es zum Beispiel: „Eene, meene, Mondenschein, ... soll die Katze sein. Hex-hex!" Dabei setzt es den Namen von einem der anwesenden Kinder hinzu. Das „verhexte" Kind muss nun auf allen vieren zu dem freien Platz schleichen und miauen.

Nun ist das Kind an der Reihe, das rechts neben dem frei gewordenen Platz sitzt. Es sagt wieder den Hexspruch. Dabei kann es sich jedes Tier wünschen, das ihm einfällt: „Vielleicht einen Elefanten, einen Papagei, eine Schlange oder ein Känguruh?" Das „verhexte" Kind muss sich bemühen, das gewünschte Tier nachzuahmen.

Das Spiel endet, wenn alle Partygäste einmal „verhext" wurden.

Hexenblick

Im Spiel ist ein Kind die Hexe Mania. Es steht auf einer Seite des Raums. Alle anderen Partygäste stellen sich am entgegengesetzten Ende des Zimmers in einer Reihe auf.

Hinter Mania liegt ein Glücksbringer (oder ein kleiner Preis) auf dem Boden, und alle Kinder möchten ihn gerne holen. Aber die alte Hexe hat befohlen, dass alle stillstehen müssen ...

Sobald Mania den Partygästen den Rücken zudreht, versuchen alle, möglichst nahe an den Glücksbringer heranzukommen.

Doch Vorsicht, wenn Mania sich umdreht! Jeder, den die alte Hexe beim Laufen ertappt, scheidet aus.

Wer als Erster den Glücksbringer in der Hand hält, hat gewonnen.

Einladungen für Eingeweihte

Bibi lädt ihre Freundinnen zu einem heimlichen Hexentreffen ein. Die Einladungen schreibt sie in Geheimschriften, damit kein Fremder sie lesen kann. Möchtest du auch manchmal geheime Botschaften verschicken? Bibi verrät dir die wichtigsten Tricks.

Die Stecknadelschrift

Schubia bekommt von Bibi einen Zeitungsartikel geschickt. Auf den ersten Blick ist an ihm nichts Besonderes. Doch wenn Schubia das Papier gegen das Licht hält, erkennt sie viele kleine Löcher. Bibi hat mit einer Stecknadel Buchstaben markiert. Wenn Schubia diese Buchstaben der Reihe nach liest, weiß sie, was Bibi ihr sagen möchte.

Ökoschriften

Für Xenia, die Öko-Hexe, hat sich Bibi eine passende Geheimschrift ausgedacht. Statt mit Tinte hat sie die Einladung mit Zitronensaft geschrieben. Sobald der Saft trocken ist, verschwindet die Schrift. Xenia muss die Einladung vorsichtig erwärmen, etwa mit einem Haarfön oder auf der Heizung. Dann erscheint die Schrift wieder.

Es gibt auch „Öko-Tinte" aus Zwiebel- oder Kartoffelsaft: Einfach eine Schreibfeder in den ausgepressten Saft tunken, schreiben und trocknen lassen. Zum Lesen wieder vorsichtig erwärmen.

Die Zahlenschrift

Auf Arkadias Einladung wimmelt es nur so von Zahlen, aber es ist kein einziger Buchstabe zu sehen. Trotzdem weiß Arkadia sofort, was Bibi ihr mitteilen möchte. Denn die Zahlen geben die Stelle des Buchstabens im Alphabet an: Die 1 ist ein A, die 2 ein B, die 3 ein C und so weiter. Du kannst natürlich auch rückwärts zählen. Dann wäre die 1 das Z.

Die Spiegelschrift

Wie gut, dass Flauipaui immer einen kleinen Spiegel bei sich hat. So kann sie Bibis Brief gleich entziffern. Denn Bibi hat alle Buchstaben spiegelverkehrt geschrieben. Wenn du solche Briefe schreiben möchtest, musst du vorher ein bisschen üben: Schreibe zunächst die Buchstaben richtig auf ein Blatt Papier und halte einen Spiegel daran. Nun übst du die spiegelverkehrten Buchstaben. Wenn du das Alphabet beherrschst, geht's los.

Tipp!

Dein eigener Code

Wenn du auf Nummer Sicher gehen möchtest, solltest du dir mit deinen Freunden zusammen eine eigene Schrift ausdenken. Ihr müsst dafür einen Code entwickeln. Schreibt einfach alle Buchstaben des Alphabets auf ein Blatt Papier und ordnet jedem Buchstaben ein Zeichen zu, z.B. ein Herz fürs A, einen Stern fürs B und so weiter. Geschickt ist es, das Papier auf die Rückseite eines Lineals oder auf Pappe zu kleben. So verknittert es nicht und ihr könnt es immer bei euch tragen.

Der weiße Kakadu

„Tante Manias Hexsprüche sind einfach doof, ich weiß überhaupt nicht, wozu wir solchen Quatsch lernen müssen", maulte Bibi Blocksberg. „Eene meene grit-grot-graten, die Gans ist knusprig braun gebraten. Schlicht behämmert, das kann sich doch kein Vogel merken!", schimpfte Schubia Wanzhaar. Die freche kleine Punkerhexe mit den giftgrünen Haaren lehnte neben ihrem getunten Motorbesen Kawakasi an einem Baum und verdrehte genervt die Augen. Flauipaui, die Dritte im Bunde, betrachtete sich in ihrem Handspiegel. „Ich kann mir diese altmodischen Sprüche einfach nicht merken", flüsterte sie bekümmert und steckte sich ein Gänseblümchen in ihre langen roten Haare. „Und wenn Tante Mania dann wieder droht, uns in Mäuse zu verwandeln, dann weiß ich erst recht nichts mehr."

Wie immer vor Tante Manias Hexunterricht saßen die drei Junghexen auf der kleinen Insel im Fluss und schimpften sich Mut an. Ihre Hexkraft war ihnen zwar angeboren, aber die Hexsprüche, die kamen nicht von alleine, die mussten sie büffeln wie Vokabeln. Und ihre Lehrerin, die uralte Meisterhexe Mania Flippinger, war überaus streng und ungeduldig. Selbst Schubia fürchtete den 'ollen Drachen', wenn sie es auch ungern zugab. „Jetzt heul mal nicht, Blumentopf", tröstete sie die unglückliche Flauipaui. „Das mit dem Mäuse-Hexspruch sind doch nur leere Drohungen von Tante Mania. In echt würde sie das nie tun!"

Kaum hatte Schubia ausgesprochen, hörten die drei Hexen ein Krächzen in der Luft, und kurz darauf flatterte ein großer schwarzer Rabe aufgeregt um ihre Köpfe. Schubia sprang auf. „Das ist Manias oller Geier", rief sie. „Abraxas?" Im Nu war auch Bibi auf den Beinen. „Auweia. Wir haben uns verquatscht. Tante Mania hat ihn geschickt. Er soll uns holen!" In Windeseile machten die Mädchen ihre Besen startklar und düsten zu Tante Manias Hexenhäuschen mitten im Wald. Zu spät kommen, das konnte Tante Mania überhaupt nicht leiden!

Im Blitzflug steuerten die drei Junghexen Manias Haus an, und oje – da hatten sie ihre Flugkünste wohl ein wenig überschätzt! Bibi sauste ungebremst durchs Küchenfenster, Schubia verhedderte sich in Manias Wäscheleine mit den Nachthemden und Flauipaui landete mitten im Vergissmeinnicht-Beet. „Ihr Nichtsnutze! Ihr dummen Suppenhühner!", schimpfte die alte Hexe. „Hext das sofort wieder in Ordnung!"

Na, das fing ja gut an! Der Schaden war zwar im Nu behoben, aber Tante Manias Laune verbesserte sich dadurch nicht wesentlich. „Und jetzt kommt ins Haus und zeigt mir, was ihr gelernt habt!", befahl sie.

Bibi an der Reihe. Einen Vogelbauer aus Weidenruten sollte sie hexen. Ob es nun daran lag, dass sie nicht genug gelernt hatte oder zu aufgeregt war – auch Bibis Hexspruch ging total daneben.

Die arme Flauipaui hatte derweil unablässig in ihren Spiegel geschaut und sich nervös ihre Haare gekämmt ... „Hör endlich auf, dich zu kämmen!", fuhr Mania die verschüchterte Junghexe an. „Das Kaminholz solltest du anzünden, wenn ich mich recht erinnere." Flauipaui nickte. „Eene meene brenne-brinne-bronne", begann sie stockend, „der Kamin ... das Holz ..." Tränen traten in ihre Augen. „Ich hab den Spruch vergessen, Tante Mania, es tut mir Leid", flüsterte sie kläglich. „Euch wird es allen noch Leid tun!", antwortete Mania schneidend.

„Schubia Wanzhaar, du fängst an. Der fliegende Seidenteppich. Na los. Hex ihn herbei!" „Ach, du dickes Ei!", stöhnte Schubia. „Eene meene tippi-tippi-didadidumm, Seidenteppich fliege herum. Hex-hex!", stotterte sie. Ein zerlöcherter großer Lappen schwebte und schlingerte augenblicklich dicht über den Köpfen von Mania und ihren Schülerinnen, und Abraxas, der neugierig herbeigeflogen war, verfing sich mit seinen Krallen darin. Laut krächzend schimpfte der Vogel vor sich hin. „Bei allen Krötenaugen! Schubia Wanzhaar, du bist total unfähig", zeterte auch die alte Mania. „Schaff mir das Zeug aus den Augen. Sofort!" Dann war

„Ich werde euch in Mäuse verhexen, wenn ihr nicht bis morgen eure Aufgaben fehlerfrei beherrscht." Mit diesen Worten ging sie zu der großen alten Standuhr mit den vielen Hexensymbolen und zog sie auf. „In genau 24 Stunden seid ihr wieder hier und zeigt, was ihr gelernt habt. Wenn das Gewicht der Uhr unten ist, und ihr habt euren Spruch nicht fehlerfrei gesagt, erfüllt sich mein Hexspruch: Eene meene Knisper-knasper-knusper-knäuschen, aus faulen Hexen werden Mäuschen. Hex-hex!"

Die Uhr begann zu ticken. Die drei Junghexen sahen sich verstohlen an. Wie oft hatte Tante Mania schon mit dem Mäuse-Hexspruch gedroht, doch diesmal schien es ihr Ernst damit. „Und nun ab nach Hause", befahl die alte Hexe. „Und wehe euch, ihr nutzt die Zeit nicht zum Lernen." Eilig griffen die Mädchen nach ihren Besen. Bloß weg hier! „Du nicht, Flauipaui!", Mania hielt die kleine Hexe am Arm fest. „Deine Leistung ist unter aller Kritik. Wir üben noch eine Stunde!" Arme Flauipaui! Sehnsüchtig sah sie ihren Freundinnen nach. Wenn sie sich doch bloß an diesen dummen Kaminspruch erinnern könnte! Vor lauter Aufregung versteckte sie sich hinter ihrem Handspiegel und fuhr sich nervös mit dem Kamm durch die Haare.

„Also, Flauipaui. Es heißt brinn-bronn-brunn-brann. Wiederhole!", befahl Mania. „Brenn-brinn-bronn-brann", stotterte Flauipaui. „Nein, nein, nein!", rief Mania ungeduldig. „Brinn-bronn-brunn-brann! Und hör endlich auf, ständig in deinen Spiegel zu sehen!" „Brenn-brann...", schluchzte Flauipaui. „Der Spruch ist einfach unmöglich, und dieses Nachplappern macht mich noch wahnsinnig." „Du machst mich auch wahnsinnig!", zischte Mania. „Aber ich werde dir helfen, wenigstens das Nachplappern zu lernen: Eene meene kikadi-kikadu, verwandle dich zum Kakadu. Eene meene mach-lach-sprach, du plapperst nur noch nach. Hex-hex!" „Nein!", schrie Flauipaui entsetzt, riss in einer unbewussten Abwehrbewegung ihren Spiegel hoch und hielt ihn schützend vors Gesicht. Aber – das Spiegelglas war Mania zugekehrt! Beim 'Hex-hex' schaute sich die alte Hexe selbst in die Augen und – verwandelte sich in einen Kakadu. Nicht Flauipaui war verhext, sondern die alte Mania.

Voller Entsetzen erkannte Flauipaui, was passiert war, und ergriff die Flucht. Zurückhexen konnte sie den Kakadu nicht, dazu reichten ihre Hexkünste nicht. Das konnte nur Tante Mania, und die plapperte nur ständig nach, was Flauipaui ihr sagte. Wie gefährlich die Situation wirklich war, fiel ihr erst auf dem Heimflug ein. Wenn Tante Mania ein Kakadu bliebe, dann würde sich am nächsten Tag der Mäuse-Hexspruch erfüllen, und sie, Bibi und Schubia würden für immer Mäuse werden! Es war einfach schrecklich!

Bibi war inzwischen zu Hause angekommen, saß in ihrem Zimmer und lernte. Plötzlich hörte sie ein kräftiges Picken an ihrer Fensterscheibe. „Ein Kakadu!", rief sie

aufgeregt und holte den Vogel ins Zimmer. „Du bist ja ganz zahm, mein Kleiner", stellte sie überrascht fest. „Bist wohl ausgerissen." „Ausgerissen!", krächzte der Kakadu. Bibi lachte. „He, du kannst ja sprechen!" „Sprechen", wiederholte der Vogel. Bibi sah ihn sich genauer an und kicherte. „Mit deinen scharfen Augen und dem krummen Schnabel – fehlt nur noch die Warze auf der Nase! – siehst du fast aus wie Tante Mania." Bei dem Namen Mania begann der Kakadu wild mit den Flügeln zu schlagen und kreischte aufgeregt: „Tante Mania. Tante Mania." Bibi beruhigte ihn: „Keine Angst. Der alte Drachen ist ja nicht hier!" Doch der Kakadu gebärdete sich weiterhin wie wild. „Jetzt halt endlich den Schnabel, sonst hört Mami dich, und dann fliegst du raus", befahl Bibi. „Du kannst erst mal hier bleiben bis morgen, und dann sehen wir weiter."

Am nächsten Morgen, als Bibi die Augen öffnete, war der Kakadu schon wach. „Morgen, Piepmatz", begrüßte sie ihn und gähnte. „Hast du Hunger?" „Hunger! Hunger!", schrie der Vogel. „Dagegen läßt sich was tun", lachte Bibi. „Eene meene Sterne – Sonnenblumenkerne. Hex-hex!" Funken sprühten, Sternchen blitzten, und schon regnete es Sonnenblumenkerne. „Eene meene Sterne – Sonnenblumenkerne. Hex-hex!", wiederholte der Kakadu, und erneut prasselten Sonnenblumenkerne auf die beiden herab. „Wow! Du kannst ja hexen", staunte Bibi. „Ist ja irre! Du bist ein Hexenvogel! Weißt du was? Wir gucken mal in Mamis Hexbuch nach, was da über Kakadus steht. Einverstanden?" „Einverstanden! Einverstanden!", krächzte der Kakadu begeistert.

Mit dem Vogel auf der Hand schlich Bibi ins Hexlabor ihrer Mutter. Als der Kakadu das aufgeschlagene Hexbuch auf dem Tisch liegen sah, schoss er darauf zu, hüpfte aufgeregt davor herum und versuchte, mit Flügelschlägen und Schnabelhieben die Seiten umzublättern. „He, lass das, das ist Mamis Hexbuch", rief Bibi. „Hexbuch! Hexbuch! Hexbuch!", schrie der Kakadu. „Mach nicht so'n Theater hier!", schimpfte Bibi. Der Vogel hackte mit seinem Schnabel auf die aufgeschlagene Buchseite ein. „Hier. Hier. Hier", krächzte er. Bibi beugte sich über die Seite. „Wow!", entfuhr es ihr. „Das

ist ja das Kapitel über Kakadus. Du bist ja ein ganz schlauer Vogel. Warte mal: Bewährte Methode, um faulen Junghexen die Hexsprüche einzupauken ... man muss sie in einen Kakadu verwandeln."

In diesem Moment klingelte unten im Wohnzimmer das Telefon. Bibi hexte schnell einen Weidenvogelbauer für den Kakadu. Der Spruch klappte diesmal auf Anhieb, was Bibi sehr stolz machte. Schade, dass Tante Mania es nicht mitbekommen hatte. Dann hexte sie den unentwegt kreischenden Vogel stumm und rannte nach unten. Am Telefon war Flaupaui. Sie war völlig aufgelöst, brachte kaum einen Satz zustande und Bibi verstand nur so viel, dass sie und Schubia umgehend zu ihrem Treffpunkt auf der Insel kommen sollten. Es sei etwas Schreckliches passiert.

Bibi schnappte sich den Vogelkäfig mit dem Kakadu und sauste auf ihrem Besen zur Flussinsel. Schubia und Flaupaui waren bereits dort. Als Flaupaui den Kakadu sah, schrie sie auf: „Nein!! Bei allen Gänseblümchen. Tante Mania!" Nur mit Mühe gelang es Bibi und Schubia, ein vernünftiges Wort aus ihr herauszubringen, und nach und nach erfuhren sie die ganze Geschichte. „Der Kakadu ist Tante Mania! Das halt ich im Kopf nicht aus", stöhnte Bibi. „Wir müssen sie zurückhexen!" Schubia war nicht ganz ihrer Meinung: „Ich weiß nicht", grinste sie. „So gefällt mir der alte Drachen eigentlich viel besser!" „Denkt doch an den Mäuse-Hexspruch", warf Flaupaui ängstlich ein." „Wo du Recht hast, hast du Recht, Blumenpott", gab Schubia sich geschlagen. „Also, was machen wir jetzt?"

Nach kurzem Überlegen schlug Bibi vor, das Hexbuch ihrer Mutter zu Rate zu ziehen. Mit einem Hexspruch holte sie es herbei und fand tatsächlich einen passenden Rückhexspruch. Er hatte nur einen Haken: Nur eine Hexe, die gleich alt oder älter war als Mania, konnte die Verwandlung wieder rückgängig machen. „Na bravo!", schnaubte Schubia. „Der alte Drachen ist die älteste Hexe hier. Ebenso alt wie sie ist keine."

„Alles verloren!", weinte Flaupaui. „Wir werden für immer Mäuse." Aber Bibi hatte eine Idee. „Wir fliegen mit dem Kakadu zu Tante Manias Haus und versuchen, die Uhr einfach anzuhalten. Vielleicht finden wir auch in Tante Manias Hexbuch einen anderen Rückholspruch."

Der Plan war gut! Eilig machten sich die drei – nein, vier! – auf den Weg. Das Gewicht von Manias Standuhr hing schon gefährlich weit unten, als sie Manias Haus betraten. Viel Zeit hatten sie nicht mehr. Mit

vereinten Kräften versuchten sie, das Gewicht an der Kette wieder hochzuziehen – vergeblich. Unerbittlich schwang das Pendel der Uhr von einer Seite zur anderen, eine kostbare Minute nach der anderen verstrich. Auch Hexsprüche nützten nichts. Die Uhr tickte weiter. „Wenn Tante Mania nur helfen könnte", jammerte Flauipaui. „Kann sie aber nicht", brummte Schubia und sah missmutig auf den Kakadu. „Wartet mal", rief Bibi plötzlich aufgeregt. „In Mamis Labor hat sie sich sofort auf das Hexbuch gestürzt und das Kakadu-Kapitel gefunden. Vielleicht kann sie uns zeigen, was wir machen sollen!" „Okay", stimmte Schubia zu, „setzen wir den alten Drachen frei."

Kaum war der Kakadu aus dem Vogelbauer, kam im Sturzflug Manias Rabe Abraxas herbei und umkreiste mit lautem Geschrei die Vogeldame. Das Spektakel war mörderisch. „Stell den Krach ab, oller Drachen!" rief Schubia. „Oller Drachen. Oller Drachen", kreischte der Kakadu. Abraxas verzog sich verschüchtert in eine Ecke. „Wir sind ein schöner Hexenhaufen", seufzte Flauipaui. „Keiner kann den andern freihexen." „Freihexen. Freihexen", wiederholte der Kakadu und lief aufgeregt auf dem Tisch herum.

„Du nervst!", schnauzte Schubia ihn an. „Lass das blöde Nachplappern!" „Nachplappern. Nachplappern", schrie der Kakadu und schlug wie wild mit den Flügeln. Bibi sprang auf. „Moment mal! Nachplappern?! Tante Mania will uns was sagen!" „Sagen. Sagen", krächzte der Kakadu. Bibis Augen blitzten. „Wie hast du sie verhext, Flauipaui? Durch deinen Spiegel, nicht wahr?", fragte sie aufgeregt. „Aber das wollte ich nicht", jammerte Flauipaui. „Das sagt doch keiner", unterbrach Bibi sie. „Wartet mal. In Mamis Hexbuch steht, dass eine ältere oder gleich alte Hexe die Verwandlung zurückhexen kann. Und der Kakadu hier ist doch in Wirklichkeit Mania, also eine gleich alte Hexe …" „Und weil der Mania-Kakadu nicht selber reden kann", fiel Schubia ihr ins Wort, „muss er …" „Nachplappern!!!", riefen alle drei Hexen wie aus einem Munde.

Das war's! Zur Sicherheit hielt Flauipaui dem Kakadu noch ihren Spiegel vor, und dann sagte Bibi den Rückhexspruch: „Eene meene heck und meck, Hexe da, Vogel weg. Hex-hex!" Der Kakadu wiederholte den Spruch Wort für Wort, das bekannte Hexgeräusch ertönte, und im Nu stand Tante Mania wieder in ihrer ursprünglichen Gestalt im Raum. Hurra, es hatte geklappt! „Dem Hexenbuckel sei Dank!", stöhnte die alte Hexe. „Das habt ihr großartig gemacht! Jetzt wird alles gut!" „Gut? Tante Mania, die Zeit ist gleich um", erinnerte Bibi sie aufgeregt. „Der Mäuse-Hexspruch!" Aber Tante Mania beruhigte sie: „Kein Problem. Ihr sagt jetzt schnell eure Hausaufgaben, dann löst sich der Spruch von selbst auf."

Kein Problem? Flauipaui sah die alte Mania ängstlich an. „Aber ... aber ... ich kann doch nicht ...", stotterte sie. „Doch, du kannst, kleine Flauipaui", sagte Mania sanft. „Ich denke, ich war nur immer zu streng zu dir – zu euch allen. Also frisch ans Werk. Bibi hat ja schon gezeigt, dass sie einen Weidenvogelbauer hexen kann. Dann du – dein fliegender Seidenteppich, Schubia." Schubia sah auf die Standuhr, schloss die Augen und begann: „Eene meene tippida-tippiditippudei, Seidenteppich flieg herbei. Hex-hex!" Sternchen blitzten, Funken sprühten, und ein wunderschöner Seidenteppich schwebte herbei. „Geschafft! Bravo, Schubia Wanzhaar", lobte Mania. „Eine Meisterleistung! Und nun du, Flauipaui. Das Kaminholz im Hexenofen soll brennen.

Flauipauis Augen weiteten sich vor Angst. „Krach ran, Blumenpott! Die Zeit läuft!", rief Schubia ungeduldig. „Du machst keinen Fehler", ermunterte Mania sie freundlich. „Ich weiß es." Flauipaui holte tief Luft.

„Eene meene brinn-bronn-brunn-brann, Kaminholz brenne an. Hex-hex!" Ein helles Feuer loderte auf im Kamin, und Bibi, Schubia und Flauipaui fielen sich erleichtert in die Arme. Das Pendel der Standuhr schwang noch ein paar Mal aus, dann war es still im Raum. „Uff", seufzte Schubia erleichtert. „Noch mal davongekommen!" „Und ihr habt alle eure Prüfung bestanden!", rief Mania. „Ich bin stolz auf euch! Ihr seid die besten Schülerinnen, die ich je hatte. Ich glaube, das habe ich euch noch nie gesagt."

Die drei Junghexen sahen sich ungläubig an. „In echt, Tante Mania?", fragte Bibi. „Und ich dachte immer, du wärst total unzufrieden mit uns!" „Nun ja", Mania räusperte sich. „Ich war der Meinung, dass ich mit euch besonders streng sein müsste, weil ihr so begabt seid. Aber jetzt habe ich eingesehen, dass man mit Geduld und Freundlichkeit oft mehr erreicht als mit Druck, nicht wahr, Flauipaui?" Flauipaui nickte erleichtert. „Aber glaubt nur nicht, dass ihr mir ab jetzt auf der Nase herumtanzen könnt", fuhr die alte Mania energisch fort. „Doch eins verspreche ich euch: Drei Wörter werden in meinem Unterricht nie mehr vorkommen. Mäusehexspruch, Kakadu und Nachplappern!"

Willkommen zur Hexenparty

Wenn Bibi eine Party feiert, schmückt sie vorher das ganze Haus. Hier findest du ihre besten Deko-Tipps für heiße Hexenfeten.

Girlanden zum Knabbern

Einfach tierisch sind diese Girlanden. Nimm einen langen Faden und eine Nadel und ziehe verschiedene Knabbertiere auf: weiße Schaumgummi-Mäuse, Weingummi-Schlangen, schwarze Lakritzkatzen, grüne Frösche und ähnliches. Nach jedem Tier bindest du ein abgebrochenes Streichholz am Faden fest, sonst rutschen die Süßigkeiten später alle nach unten. Wenn die Girlande lang genug ist, befestigst du sie mit einem Reißnagel an der Zimmerdecke.

Serviettenringe für Naschkatzen

Pro Kätzchen brauchst du einen Streifen Pappe (15 cm lang, 2,5 cm breit), Alufolie, Klebstoff, schwarzes Tonpapier und weiße Pappe.
Wickle den Pappstreifen in Alufolie und klebe die Enden übereinander.
Pause die Katzenvorlage auf dieser Seite ab, übertrage sie auf schwarzes Tonpapier und schneide sie aus.
Aus der weißen Pappe schneidest du zwei kleine Halbkreise und klebst sie als Augen in das Katzengesicht. Male mit einem schwarzen Stift schlitzförmige Pupillen darauf. Klebe die Katze an dem silbernen Ring fest. Fertig!

Luftballon-Geister

So verwandelst du die üblichen Party-Luftballons in schwebende Geister: Über einen runden, aufgeblasenen Luftballon kommt ein Tuch. Direkt unter dem Ballon bindest du es mit einem Faden zusammen. Anschließend zeichnest du Geisteraugen und einen schiefen Mund auf Papier, schneidest alles aus und heftest es mit beidseitigem Klebeband auf den Geisterkopf.
Oben am Geisterkopf nähst du einen langen Faden fest – Vorsicht, dass du nicht in den Ballon piekst! Mit einem Reißnagel kannst du den Faden an der Zimmerdecke befestigen.

Bibis Lieblings-Pizza

Das ist die erste Pizza, die dich freundlich anlacht! Oder finster guckt! Je nachdem, wie du es willst. Denn Bibis Lieblings-Pizza backen, ist kein Hexenwerk. Jedenfalls nicht, wenn dir Bibi dabei hilft!

Zutaten für zwei Pizzas:

Pizzateig (tiefgekühlt, etwa 400 Gramm), eine Tube Tomatenmark, Olivenöl, 1 Päckchen geriebener Pizzakäse, 2 Scheiben runder Kochschinken, Oregano, 1 rote und 1 gelbe Paprikaschote, 1 dicke Karotte, 2 grüne Oliven mit Paprikafüllung, 1 großer Champignon, 1 Gemüsezwiebel, Mais aus der Dose.

Vorbereitung:

Bereite den Pizzateig entsprechend der Packungsanweisung vor und schneide zwei runde Scheiben aus (als Schablone kannst du einen umgedrehten Teller nehmen).
Lege die Scheiben auf ein Backblech, streiche sie mit Olivenöl ein und würze sie mit etwas Oregano. Verteile das Tomatenmark auf dem Teig und streue den Käse darüber.

So legst du ein Gesicht:

Augen: Schneide schräg zwei Scheiben von der Karotte ab. Zwei Scheiben von einer Olive ergeben die Pupillen.

Augenbrauen: Schneide zwei Scheiben von dem Champignon ab und entferne den Stiel.

Backen: Halbiere eine Scheibe Schinken.

Nase: Schneide die Spitze der Möhre ab und halbiere sie der Länge nach.

Mund: Als Lippen nimmst du zwei Streifen roten Paprika. Gelbe Maiskörner sind die Zähne.

Ohren: Links und rechts neben die Backen kommt jeweils ein Streifen gelber Paprika.

Haare: Teile eine Gemüsezwiebel in zwei Hälften. Schneide diese in Streifen und lege die Zwiebelstreifen auf die Pizza.

Backe die belegte Pizza entsprechend der Packungsanweisung.

Walpurgisnacht auf dem Blocksberg

In der Walpurgisnacht feiert Bibi jedes Jahr mit den anderen Hexen auf dem Blocksberg ein Fest. Außer ihr sind schon ihre Mutter Barbara, ihre Freundinnen Schubia und Flauipaui sowie die alten Hexenmeisterinnen Mania, Amanda und Walpurgia da. – **Vergleiche die beiden Bilder. Findest du die 7 Unterschiede?**

Lösung: Barbara Blocksbergs Glas ist leer, ein Holzscheit fehlt, Walpurgias Hutspitze ist kürzer, links hängt ein anderer Lampion und daneben fehlt eine Fledermaus, ein Stern ist durch eine Blume ersetzt und rechts unten ist die Schnecke verschwunden.

Raten & Reimen

Wie gut bist du im Hexspruch-Reimen? Vergleiche einmal Bibis Sprüche und die Bilder.

Was gehört zusammen?

EENE MEENE OFF'NES BUCH, BEENDE MEINEN HEX-REIM-SPRUCH. HEX-HEX!

EENE MEENE LUFTMATRATZE,
AUF DEM BAUM SITZT EINE Katze.
HEX-HEX!

EENE MEENE UNGEHEUER,
HIER LODERT JETZT EIN HELLES Feuer.
HEX-HEX!

EENE MEENE BRAUNER TEDDY,
AUF DEM TISCH, DA STEH'N Spagel.
HEX-HEX!

EENE MEENE SILBERFISCH,
FRISCH GEDECKT IST GLEICH DER Tisch.
HEX-HEX!

EENE MEENE EIERPAMPE,
ICH HABE EINE Taschenlampe
HEX-HEX!

EENE MEENE MUSEPAMPEL,
AN DER STRASSE STEHT 'NE Ampel.
HEX-HEX!

EEENE MEENE GROSSE LÜCKE,
ÜBERN FLUSS FÜHRT EINE Brücke.
HEX-HEX!

Schubia im Punker-Dress

Bibis Freundin Schubia ist eine echte Marke! Sie ist eine Hexe genau wie Bibi. Aber sie hält überhaupt nichts von den alten Hexentraditionen. Lieber wirft sich die Junghexe mit den grünen Haaren in abgewetzte Punkerklamotten und düst mit ihrem Motorbesen Kawakasi durch die Lüfte. Schubia Wanzhaar, wie sie eigentlich heißt, ist frech und vorlaut, aber ihre Freundinnen können sich hundertprozentig auf sie verlassen!

Dein Kostüm

Unverwechselbar sind Schubias grüne, abstehende Haare. Setze entweder eine Perücke auf oder färbe deine Haare mit auswaschbaren (!) Mitteln (z.B. grünem Haarspray). Es reicht aber auch, wenn du dir mit extra starkem Haarspray eine strubbelige Punkfrisur machst.

Über ihrem T-Shirt hat Schubia ein Trägerkleid an. Ebenso punkermäßig ist ein Mülltüten-Gewand: In eine blaue Mülltüte kommen oben und an den Seiten Schlitze für Kopf und Arme.

Eine zerrissene Strumpfhose und ein löchriges T-Shirt gehören dazu. Stöbere doch mal in deinen abgelegten Kleidern oder frage deine Eltern.

Anschließend schneidest du die Tüte auf Mini-Rocklänge ab und wickelst dir einen breiten Gürtel um die Hüften.

Schubias Stulpenstiefel sind vom Feinsten. Genauso gut sehen wollene Overknee-Strümpfe aus. Wenn du keine kaufen möchtest, kannst du sie selber machen: Schneide die Beine einer alten Wollstrumpfhose ab, schlüpfe mit jedem Bein in ein Gummiband und schlage das Ende der Strümpfe um.

Eine Kette aus Sicherheitsnadeln trifft Schubias Geschmack genau.

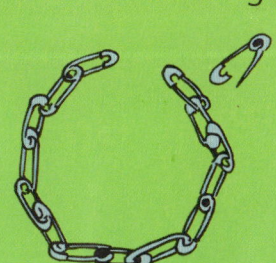

Ein Staubsauger noch – schon ist dein Schubia-Outfit perfekt!

Besen-Hockey und Hellsehen

Besen-Hockey

Das ist ein prima Spiel für jede Garten-Hexen-Party – vorausgesetzt, jede Hexe hat ihren Besen dabei. Denn er ersetzt den Hockeyschläger!

Bildet zuerst zwei gleich starke Mannschaften und legt die Spieldauer fest. Eine gute Zeit sind zweimal 15 Minuten.

Markiert ein Spielfeld. Am oberen und am unteren Ende braucht ihr jeweils ein Tor.

Jedes Team besteht aus einer Tor-Hexe und der Hexenschar im Spielfeld.

Ziel ist es, den Ball mit Hilfe des Besens ins gegnerische Tor zu bugsieren. Die Tor-Hexe darf ihn nur mit dem Besen oder dem Körper abwehren – nicht mit den Händen.

Der Abschlag erfolgt von der Spielfeldmitte aus. In der Halbzeit werden die Seiten gewechselt.

Sieger ist die Mannschaft, die am Ende der Spiels die meisten Tore erzielt hat.

Hellsehen

Hast du schon einmal *Blindekuh* gespielt? Die Hexen-Variante davon heißt *Hellsehen*. Dazu werden einem Spieler die Augen verbunden – er ist nun die 'Hexe'- und alle anderen tanzen um ihn herum im Kreis und klatschen in die Hände.

Die Hexe spricht im Rhythmus des Klatschens den Spruch: „Eene meene Bienenstich, komm herbei, ich kenne dich. Hex-hex!" Beim letzten Wort zeigt sie blind auf einen Mitspieler.

Der angesprochene Mitspieler tritt vor die Hexe hin. Er darf nicht reden oder kichern! Die Hexe tastet ihn nun ab und versucht, seinen Namen zu erraten.

Erkennt die Hexe ihn, darf sie die Augenbinde abnehmen. Dann werden demjenigen, der erkannt wurde, die Augen verbunden und die Rollen getauscht.

Schoko-Lakritz-Spinnen

Mit Bibis Party-Spinnen machst du bei jeder Hexen-Feier Eindruck. Die Krabbeltiere aus Schokoladenbällchen (z.B. Trüffel oder Pralinen) und Lakritze sehen gruslig aus, schmecken aber prima.

Zutaten:
Für eine Spinne: ein Schokobällchen, Lakritzstangen und bunte Schokolinsen.
Für das Spinnennetz: zwei Rollen Lakritze.
Für die Fliege: eine Rosine und zwei Mandelblättchen.

So wird's gemacht:

1. Drücke zwei gleiche Schokolinsen leicht in die Schokoladenkugel. Sie sind die Augen der Spinne. Eine halbe, andersfarbige Schokolinse ist der Mund.

2. Schneide die Lakritzstangen in acht gleich lange Spinnenbeine. Danach steckst du die Beine am Körper fest. Wenn du mit einem Zahnstocher oder Schaschlikstäbchen kleine Löcher vorbohrst, hält die Lakritze besser.

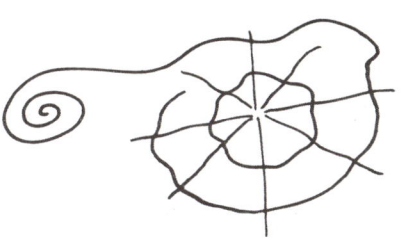

3. Für das Spinnennetz spulst du die Lakritzrollen auf und ziehst die Schnüre auseinander. Lege zuerst vier Schnüre über Kreuz. Die restlichen Lakritzschnüre legst du als unregelmäßige Achtecke darüber.

4. Für die Fliege ritzt du eine Rosine links und rechts ein. Danach steckst du jeweils ein Mandelblättchen fest.

5. Nun musst du nur noch die Spinne und Fliege auf dem Netz platzieren.

Getränke-Tipp
Rot-weißer Hexen-Saft
Erst Bananen- und dann Kirschsaft in die Gläser gießen. Die Säfte vermischen sich nicht.

Wenn du mit einer Gabel vorsichtig rührst, entstehen rot-weiße Schlieren.

Echt hexisch!

BIBIS HEXENLEXIKON

Flauipaui feiert eine Junghexen-Party. Bibi hat sich zu dieser Feier eine Überraschung ausgedacht. Sie hat für ihre Freundin ein Hexenlexikon zusammen gestellt. Einige Begriffe hat sie in einem sehr alten Hexenlexikon bei Mania entdeckt, aber sie hat auch selber viele witzige Ideen gehabt.

Amulett: So ein Anhänger soll Schutz und Kraft verleihen. Er wird an einer Kette oder einem Band um den Hals getragen. Oft sind diese Schmuckstücke mit einer Inschrift oder mit Geheimzeichen versehen.

Arkadia: Bibis Hexen-Freundin Arkadia liebt Discomusik und geht gerne tanzen.

Astrologie: Die Kunst der Sterndeutung ist den Hexen sehr vertraut. Manche Hexsprüche wirken am stärksten, wenn ein bestimmter Stern am Himmel steht.

Besen: Was täte Bibi nur ohne ihren Besen Kartoffelbrei? Wie alle Hexen braucht sie ihren Besen zum Fliegen. Bibi hat ihn im Alter von fünf Jahren geschenkt bekommen. Die häufigsten Hexenbesen sind übrigens Reisigbesen. Doch auch Staubsauger und Wischmops haben sich schon als Hexen-Fluggeräte bewährt.

Blocksberg ist nicht nur der Familienname von Bibi. Es gibt auch einen echten *Blocksberg*. Das ist der Brocken, der höchste Berg im Harz. Hier treffen sich die Hexen, um zu tanzen und zu feiern.

Computer: Alte Hexen lehnen ihn natürlich empört ab, aber die Junghexen können gut mit dem PC umgehen. Bibi ist sogar schon einmal einer Computerhexe begegnet!

Disziplin: Für eine Hexe ist Disziplin sehr wichtig. Vor allem Junghexen müssen sich genau überlegen, was sie hexen dürfen und was nicht.

Elixier: Solch ein Hexentrank kann als Medizin verabreicht werden.

BIBIS HEXENLEXIKON

Flauipaui gehört zu Bibis Freundinnen. Die schüchterne Junghexe liebt Blumen. Deshalb heißt ihr Besen auch *Gänseblümchen*.

Geld: Eine der wichtigsten Hexenregeln verbietet das Geldhexen. Geld und Wohlstand zum eigenen Nutzen gehext, sind nicht von langer Dauer.

Glücksbringer: Hexen wissen, dass manche Dinge Glück bringen. Die bekanntesten Beispiele sind vierblättrige Kleeblätter, Hufeisen und Schornsteinfeger.

Hexen: Frauen mit magischen Fähigkeiten werden Hexen genannt. Die Mütter vererben ihre besonderen Kräfte den Töchtern. Es gibt traditionelle Hexen, die lange Röcke und spitze Hüte tragen, aber auch moderne, schick gekleidete Hexen wie Bibis Mutter Barbara.

Hexenkugel: Mit ihrer Hilfe können Hexen in die Zukunft sehen. Sie sehen aber auch, was gerade an einem anderen Ort passiert oder was sich in der Vergangenheit ereignet hat.

Hexenschuss: Die plötzlich auftretenden Rückenschmerzen haben nichts mit Hexerei zu tun. Sie werden von Haltungsschäden oder Bandscheibenproblemen verursacht.

Irrlichter sind kleine Lichter, die im Sommer abends überm Moor oder Sumpf zu sehen sind. Sie werden manchmal für Geister gehalten. Hexen finden sie schön.

Jung-Hexen: Bibi und ihre Freundinnen Schubia, Flauipaui, Arkadia und Xenia sind Jung-Hexen. Erst wenn sie 15 Jahre alt sind, gelten sie als erwachsene Hexen. Bis dahin müssen die fünf noch eine Menge lernen, denn jede erwachsene Hexe muss unzählige Hexsprüche auswendig können. Bibi und ihren Freundinnen misslingt manchmal noch ein Hexspruch. Bestimmte Sprüche sind für Jung-Hexen außerdem verboten.

Kräuter: Alle Hexen kennen sich hervorragend mit Kräutern aus. Nach uralten, überlieferten Rezepten brauen sie aus den verschiedenen Pflanzen ihre Heilmittel und Hexenelixiere.

Kaffeesatz: Manche alten Hexen sagen aus dem Kaffeesatz die Zukunft vorher. Zuverlässiger ist aber ihre Hexenkugel.

BIBIS HEXENLEXIKON

Lapilazuli: Der Edelstein Lapislazuli ist ein beliebter Hexenstein. Er erzeugt Harmonie, verschafft Freunde und hilft bei Krankheiten.

Mania ist Bibis Lehrmeisterin. Sie ist eine alte, sehr traditionell eingestellte Hexe. Sie unterrichtet vor allem Kräuterkunde und Hexsprüche.

Mond : Er ist der wichtigste Planet aller Hexen. Bei Vollmond sind die magischen Energien besonders wirksam.

Natur: Hexen leben im Einklang mit der Natur. Sie setzen sich für ihren Schutz ein und respektieren natürliche Gesetze wie den Wechsel der Jahreszeiten. Auch Krankheiten werden als naturgegeben akzeptiert. Traditionsgemäß versucht man, Kranke mit Kräutern zu heilen.

Orakel: Mit Hilfe von Orakeln können die Hexen die Zukunft vorhersehen. Sie deuten zum Beispiel den Kaffeesatz, den Flug der Vögel oder die Lage von magischen Steinen.

Pendel: Eine Methode der Wahrsagerei ist das Pendeln. Hexen nehmen dazu eine Kette oder ein Band mit Anhänger. Dieses Pendel lassen sie über Karten oder dem Boden schwingen. Aus der Bewegung lesen sie die Antworten auf ihre Fragen ab.

Perlen: Blaue Glasperlen helfen gegen bösen Zauber.

Quatsch: Wie alle jungen Mädchen machen Bibi und ihre Junghexenfreundinnen manchmal Quatsch. Denn immer perfekt sein, das geht nicht mal mit Hexkräften!

Regeln: Auch für Hexen gelten Regeln. Eine der wichtigsten lautet: Hexereien zum eigenen Nutzen lösen sich nach spätestens sieben Tagen im Nichts auf. Eine andere Regel verbietet das Fluchen, es kann sogar Hexkraft kosten.

BIBIS HEXENLEXIKON

Salpetersuppe ist eine der Lieblingsspeisen von Bibis Mutter Barbara. Bibi findet das traditionelle Hexenessen scheußlich. Glücklicherweise ist ihr Vater Bernhard der gleichen Meinung!

Schubia: Die freche Punker-Hexe mit den grünen Haaren ist eine Freundin von Bibi.

Tiere: Hexen lieben Tiere. Oft halten sie welche als Haustiere und sprechen mit ihnen wie mit einem Menschen. Besonders beliebte Hexen-Haustiere sind schwarze Katzen, Raben und Eulen.

Unsichtbarkeit: Das Unsichtbarhexen ist eine besondere Kunst, die nur erwachsene Hexen ausüben dürfen. Denn falsch oder leichtfertig gebraucht, könnte der Unsichtbarkeits-Spruch viel Schaden anrichten.

Venus: Ein wichtiger Hexenplanet. Manche Heilkräuter werden nur im Zeichen der Venus gepflückt.

Verwandlung: Weniger kompliziert als das Unsichtbarhexen sind Verwandlungssprüche. So kann Bibi sich selbst oder andere Menschen in Tiere oder Dinge verwandeln.

Walpurgia: Als Vorsitzende des Hexenverbands leitet die alte Walpurgia die Sitzungen und kann im Namen aller Hexen sprechen.

Walpurgisnacht: Wird von den Hexen in der Nacht vom 30. April zum 1. Mai auf dem Blocksberg gefeiert. Sehr ausgelassen und fröhlich – das wichtigste Ereignis im Hexen-Jahr.

Xenia ist eine Jung-Hexe und Freundin von Bibi. Sie setzt sich sehr für den Schutz der Umwelt ein.

Z

Zahlen: Es gibt mehrere magische Zahlen. Besonders wichtig sind die 3, die 7 und die 13.

3, 7, 13

Die Computerhexe

Mann, war das ein langweiliger Tag! Bibi Blocksberg drehte lustlos auf ihrem Besen Kartoffelbrei ein paar Runden über den Dächern von Neustadt. Keiner hatte Zeit für sie. Ihre Freundin Marita hatte einen Computer zum Geburtstag bekommen und verbrachte seit dem jede freie Minute vor dem blöden Kasten. Bei Moni war es dasselbe. Was war bloß so aufregend daran, irgendwelche kleinen Männchen anzustarren, die Fußball spielten oder Schiffe versenkten? Fliegen war doch viel schöner! „Los, Looping, Kartoffelbrei!", rief sie ihrem Besen zu, und sogleich zischte der in wilden Kreisen durch die Luft. Aber das war's dann auch! So ganz allein machte ihr heute nicht mal das Fliegen Spaß. Wenn wenigstens Mami mitmachen würde! Aber die war zur Kur, und ihre Hexenfreundin Amanda war während der Zeit bei den Blocksbergs und sah nach dem Rechten. Und auf Amanda hatte Bibi überhaupt keine Lust. Jetzt nach Hause? Da müsste sie bestimmt ihr Zimmer aufräumen oder beim Abwaschen helfen!

„Ich flieg mal bei Florian vorbei", beschloss Bibi. Aber das war keine gute Idee. Warum sollte auch ausgerechnet Florian, der Computerfreak, ausnahmsweise mal nicht vor seiner Glotze hocken?

Und richtig: Florian hatte gerade auf seinem Computer die Mathehausaufgaben fertig und legte ein neues Computerspiel ein, das er sich gekauft hatte. Total frustriert wollte Bibi wieder gehen, aber Florian hielt sie zurück. „Bleib doch hier, Bibi", sagte er. „Dieses Spiel geht auch zu zweit. Machst du mit?" „Wie heißt es denn?", fragte Bibi lustmert. „Was?!!" Bibi war empört. „Das ist ein gemeiner Titel!" Oje! Bibi war ja selbst eine Hexe! Daran hatte Florian nicht gedacht. „Aber das ist doch nur ein Spiel", entschuldigte er sich. „Pass auf, ich erklär's dir."

„Einer von uns ist der Jäger und einer die Hexe ..." „Ich bin natürlich die Hexe", unterbach Bibi ihn. Florian war einverstanden. „Wenn du deinen Joystick nach links drückst, kommt die Hexe aus ihrem Haus. Mach mal", forderte Florian sie auf. Bibi nahm den Joystick in die Hand und drückte ihn nach links. Eine kleine Hexe erschien auf dem Bildschirm und kicherte blechern. „Die lacht aber blöd", fand Bibi. „Ist doch lustig", entgegnete Florian. „So, und ich bin der Jäger und versuche, die Hexe abzuschießen." Bibi sprang auf und sah Florian wütend an. „Das ist doch wohl nicht dein Ernst!" Doch Florian beruhigte sie und erklärte, wie ihre Hexe den Schüssen des

Jägers ausweichen und ihm das Gewehr abnehmen konnte. „Wenn der Jäger aber fünf Mal getroffen hat, ist er Sieger", erklärte Florian abschließend.

Bibi durfte zunächst einige Minuten üben – das war eigentlich ganz leicht – und dann ging's los. Mit blitzenden Augen und roten Wangen saß sie vor dem Bildschirm. Dem Jäger würde sie's zeigen! So leicht schnappte man eine Hexe nicht! Der erste Schuss ertönte, die Hexe schrie auf und der Jäger lachte. „Mist!", zischte Bibi durch die Zähne. „Ich hab falsch reagiert." Voll konzentriert beugte sie sich näher zum Bildschirm. Wieder ein Schuss, gefolgt vom Schrei der Hexe. „Ich bin eben besser", lachte Florian. Bibi wurde nervös. Und wieder ein Schuss und ein Schrei und noch einmal dasselbe. „Auweia. Wieder falsch", jammerte sie. „Noch ein Treffer, und ich bin Sieger", triumphierte Florian. „Denkste!" Bibi ließ den Joystick fallen und hob ihre Hände: „Eene meene bunte Kleckse, flüchte schnell, Computerhexe. Hex-hex!", rief sie. Das bekannte Hexgeräusch ertönte, Sternchen blitzten, Funken sprühten, und aus dem Computerbildschirm sauste eine kleine Hexe heraus. „Hihihihihhhhh!", keckerte sie. „Euch werd ich's zeigen! Satansbraten. Das werdet ihr bereuen! Hihihihihhhh!" Sie drehte eine schnelle Runde direkt vor Florians Nase, und weg war sie. „Das gibt's doch nicht!", rief Florian entgeistert und klickte aufgeregt alle Tasten seines Computers an. „Die Hexe ist weg!"

„Hab ich nicht gewusst, dass der Spruch so wirkt", entschuldigte sich Bibi. „Ich wollte sie nur retten. Sie hat mir so Leid getan!" Florian antwortete nicht. Er stöpselte noch eine Weile alle Kabel um und rüttelte am Bildschirm – es half nichts, die Computerhexe blieb verschwunden. „Ich tausch das Spiel gleich morgen um", beschloss er.

Als Florian am nächsten Morgen am Computerladen eintraf, kehrte der Ladenbesitzer gerade die Scherben einer zerbrochenen Schaufensterscheibe zusammen. „Wir hatten einen Einbruch heute nacht", erklärte er ärgerlich. Bevor Florian weitere Fragen stellen konnte, erschien Karla Kolumna, die rasende Reporterin, auf ihrem Motorroller.

„Hallöchen, hallöchen, junger Mann", rief sie. „Hab von dem Einbruch gehört. Wie hoch ist denn der Schaden? Alle wertvollen Computer geklaut?" Der Ladenbesitzer schüttelte den Kopf. „Das ist ja das Merkwürdige! Nur ein paar Spiele sind weg." Frau Kolumna war enttäuscht. Das lohnte ja nicht mal 'ne Schlagzeile! Erst jetzt bemerkte sie Florian. „Hallo, Flori", begrüßte sie ihn. „Was treibt dich denn

hierher?" „Tag, Frau Kolumna", antwortete Florian. „Ich will ein Spiel zurückgeben. Hexenjagd heißt es, und es funktioniert nicht mehr." „Hexenjagd?" Der Ladenbesitzer sah Florian überrascht an. „Das Spiel hab ich nicht mehr. Ich hatte sechs Stück davon. Eins hast du gekauft und die restlichen fünf sind heute Nacht gestohlen worden. Nur diese Spiele, sonst nichts!" Karla Kolumna horchte auf. Jetzt wurd's interessant. Sie ließ sich von Florian kurz das Spiel erklären. „So was spielt ihr heutzutage?", rief sie aus. „Klingt ja grauslig. Vielleicht steckt ein Verein zum Schutz der Hexen dahinter." Sie lachte. „Naja, ich düs' mal los und schreib 'ne Kleinigkeit über den Einbruch."

In der Redaktion der Neustädter Zeitung setzte sie sich sogleich an ihren Computer und begann mit ihrem Bericht. Schon nach kurzer Zeit war sie fertig – viel gab es ja noch nicht zu berichten. „So", murmelte sie, „und jetzt noch die Schlagzeile: 'Geheimnisvolle Hexenjagd in der Stadt', fertig." Noch einmal durchlesen, und dann ab in die Druckerei damit. Aber was war das? „Der Traum der Bergfrösche auf Madagaskar", las sie auf ihrem Bildschirm. Huch! Erschrocken wich sie zurück. Eine kleine Hexe hüpfte über den Bildschirm. Moment, da musste irgendwas kaputt sein. Verflixte Technik! Nervös drückte sie alle möglichen Tasten und blätterte sogar die Computer-Gebrauchsanleitung durch, doch ihr Artikel kam nicht wieder auf den Bildschirm. Nur dieser blöde Bergfröschequatsch war zu lesen.

Auch im Rathaus passierten inzwischen sonderbare Dinge. Herr Pichler, der Sekretär des Bürgermeisters, war schon ganz verzweifelt. Er sollte auf seinem Computer die neuesten Umfrageergebnisse über die Beliebtheit des Bürgermeisters ermitteln, aber er bekam einfach keine Zahlen. „Der Computer spinnt", klagte er. „Na, na, Pichler", wies ihn der Bürgermeister zurecht. „Schieben Sie nicht immer alles auf andere. Vielleicht spinnen Sie!"

Da ertönte aus dem Computer ein blechernes Lachen, eine kleine Hexe zischte über den Bildschirm und schob Zahlen ins Bild. „80 von 100 Bürgern können den Bürgermeister nicht leiden", las Herr Pichler laut vor. „19 weiteren ist er egal, und nur einer mag ihn." Pichler kicherte: „Das ist er selber!" Der Bürgermeister fand das gar nicht komisch. „Lassen Sie den Apparat gefälligst reparieren", schnauzte er.

„Und diese Trickfilmfigur auf dem Bildschirm da will ich nicht mehr sehen. Eine kleine Hexe in Neustadt reicht mir."

Damit war natürlich Bibi Blocksberg gemeint. Die stand derweil mit Amanda in der Küche und half ihr beim Vorbereiten des Abendessens. Bibi mochte Amanda ja eigentlich ganz gern, was sie nur störte, war deren Arbeitsfimmel. Und immer sollte Bibi ihr helfen! Den ganzen Nachmittag hatte sie ihr Zimmer sauber machen müssen – ohne zu hexen! Das war ganz schön gemein.

Endlich kam Vater Blocksberg nach Hause. Müde setzte er sich in seinen Lieblingssessel, legte die Abendzeitung zurecht und öffnete die Post. „Nein!! Das kann nicht wahr sein!", schrie er plötzlich. „Amanda! Bibi!" Bibi und Tante Amanda liefen erschrocken ins Wohnzimmer. „Hier ... lest ...", stammelte Bernhard und reichte Amanda ein Stück Papier. „Mein Kontoauszug! Einemillionzweitausendachthundertvierzig. Ich bin Millionär ...", kicherte er albern. „Ich hab 'ne Million!" Bibi war begeistert. „Super, Papi, wir sind reich! Ist doch schön, eine Million zu haben. Was wir uns dafür kaufen können!" Bernhard erlangte langsam seine Fassung zurück. „Wir besitzen aber nur 2.840 Mark", seufzte er. „Das muss ein Irrtum von der Bank sein. Computerfehler oder so was." Er sah Bibi und Amanda argwöhnisch an. „Oder hat einer von euch vielleicht gehext?"

Nein, Bibi und Amanda hatten mit dem plötzlichen Reichtum nichts zu tun. In ganz Neustadt war eine richtige Computer-Krankheit ausgebrochen. Am nächsten Morgen fielen alle computergesteuerten Ampeln aus, auf dem Flugplatz durfte kein Flugzeug mehr landen, wegen diverser Computerausfälle, und selbst in der Schule ging alles drunter und drüber. „So ein Schwachsinn, dieser Stundenplan!", schimpfte Bibi. „Dienstag 8 - 10 Englisch und 9 - 11 Geschichte. Sollen wir uns vielleicht zerreißen?"

„Frau Neumann macht den Stundenplan mit dem Computer. Sie hat eben keine Ahnung", sagte Florian verächtlich. „Die sollte mich mal dranlassen." Bibi wurde plötzlich nachdenklich. „Warte mal, Flori", begann sie zögernd, „dein Computer ist doch in Ordnung, nicht wahr? Und bei dem Einbruch gestern im Computerladen, da wurden doch nur die Hexenjagdspiele geklaut, sagst du. Weißt du, was ich glaube? Hinter all diesem Computerchaos steckt bestimmt die Computerhexe!"

Genau! Es konnte gar nicht anders sein. Die von Bibi freigelassene Hexe hatte die fünf Spiele gestohlen und trieb nun ihr Unwesen in Neustadt! Auweia! Und sie, Bibi,

war schuld an allem. Sie musste die kleine Hexe unbedingt wieder zur Vernunft bringen. Aber wie? Im Blitzflug flog Bibi nach Hause. Vielleicht konnte Tante Amanda ihr helfen.

Aufgeregt berichtete Bibi Tante Amanda, was geschehen war, aber auch die war ratlos. Mit Computern kannte sie sich nicht aus und in Mamis altem Hexbuch kam das Wort Computer überhaupt nicht vor. „Warum bist du auch immer so voreilig, Bibi!", murrte Amanda. Plötzlich hörten sie Karla Kolumnas Motorroller vorfahren. Bibi und Tante Amanda liefen zur Tür und öffneten.

„Ach, Bibilein", rief die Reporterin außer Atem, „wie schön, dass du zu Hause bist. Hallöchen, Frau Amanda. Das trifft sich ja

sensationell! Zwei Hexen auf einmal, das kann ich jetzt gut gebrauchen!" Erschöpft ließ sie sich in Bernhards Sessel fallen. „Wir haben da nämlich ein kleines Problem", begann sie. „Der Herr Bürgermeister und ich, nein, eigentlich nur unsere Computer, spielen verrückt, sie sind wie verhext." Und dann erzählte Karla die ganze Geschichte mit der Hexe und den sonderbaren Zahlen und Texten auf ihren Bildschirmen. „Tja, Frau Kolumna", sagte Amanda, als Karla geendet hatte. „Eine Erklärung dafür haben wir bereits, aber leider keine Lösung des Problems." Mit knappen Worten erklärte sie der Reporterin, wie es zu dem Chaos gekommen war.

Karla Kolumna sprang von ihrem Sessel auf. „Aber gegen diese wildgewordene Kollegin müssen Sie doch was unternehmen können, Frau Amanda", rief sie. Amanda zuckte mit den Schultern. „Das ist nicht so einfach. Wir haben schon versucht, mit ihr ins Gespräch zu kommen, aber sie erscheint einfach nicht." Karla Kolumna dachte einen Augenblick angestrengt nach. „Ich hab's," rief sie dann. „Sie heißt Computerhexe, weil sie in Computern rumhext. Also muss man sie in einem Computer erwischen. Komm, Bibi, wir fahren in die Redaktion. Vielleicht können wir sie in meinen Computer locken."

Keine schlechte Idee! Eilig machten Bibi und Karla sich auf den Weg zur Neustädter Zeitung und stellten Karlas Computer an. Aber alle Hexsprüche, die sie in den Computer eintippten, blieben erfolglos. Die Computerhexe ließ sich nicht blicken. „Wir müssen sie überlisten", schlug Karla vor. „Und ich weiß auch schon wie." Sie lachte spitzbübisch und tippte 'Hexen sind doof'. Bibi protestierte: „Stimmt überhaupt nicht!"

„Weiß ich, Kindchen", wehrte Karla ab. „Aber vielleicht lockt sie das her." 'Hexen sind widerlich, alt und hässlich' schrieb Karla weiter. Kaum hatte sie den Satz beendet, ertönte aus dem Computer schepperndes Gelächter. „Das ist sie!", rief Bibi aufgeregt. „Eene meene grüne Echse, komm heraus Computerhexe. Hex-hex!"

Sternchen blitzten, Funken sprühten, und im Nu saß eine alte Schrumpelhexe mit einem hohen, blauen Hut und einem lila Umhang auf Karla Kolumnas Schreibtisch und ließ ihre dürren Beinchen von der Schreibtischkante baumeln. Sie hatte ein spitzes Hexenkinn und einer Warze auf der langen Nase. Wirklich, potthässlich!

„Hallo", krächzte die Computerhexe. „Hexen sind nicht widerlich und alt und hässlich. Ich bin schön!" „Ja, ja, Frau Hexe", besänftige Karla die Alte. „Sie sind wunderschön."

„So'n Quatsch", mischte sich Bibi ein. „Du bist eine alte hässliche Computerhexe und hast alle Computer bei uns in Neustadt kaputt gemacht. Warum tust du das?" „Weil ihr uns darin einsperrt und auf uns schießt", rief die Hexe. „Und ich werde erst Ruhe geben, wenn du auch meine Schwestern aus den anderen Spielen befreist." Umständlich holte sie die fünf gestohlenen Computerspiele aus ihrer Rocktasche hervor und legte sie auf den Tisch. „Na, super! Kein Problem", versprach Bibi und hob ihre Hände zum Hexen. Doch Karla Kolumna unterbrach sie. „Halt, Kindchen, wenn du die fünf anderen ebenfalls freihext, haben wir statt einer möglicherweise sechs wild gewordene Computerhexen in unserem Städtchen."

Tja, da hatte Karla Kolumna vielleicht Recht. So sehr die Computerhexe auch bettelte und drohte, Bibi ließ die anderen Hexen lieber in ihren Spielen, die auf Frau Kolumnas Schreibtisch lagen. Aber jetzt waren sie so klug wie zuvor, und am nächsten Morgen brach in Neustadt die Hölle los. Die Computerhexe rächte sich. Der gesamte Verkehr auf den Straßen brach zusammen, beim Supermarkt kamen neun Lastwagen voll Babywindeln an, Berta Bär und Gerda Giraffe im Neustädter Zoo erhielten Computerbriefe vom Finanzamt, und in der Rathauskasse fehlten eine Million Mark. Der Bürgermeister saß verzweifelt auf seinem Bürgermeisterstuhl und jammerte. Wie sollte das nur weitergehen? Was würden seine Wähler dazu sagen?

Selbst Karla Kolumna, die so schnell nichts umwarf, machte sich langsam Sorgen. Bibi sollte doch besser die fünf anderen Computerhexen freilassen, entschied sie, es blieb ihnen wohl keine andere Wahl mehr. Sie verabredetete sich daher mit ihr nach der Schule bei Florian. Die fünf Spiele wollte sie mitbringen.

Als die Reporterin wenig später bei Florian eintraf, fand sie Bibi und Florian in bester Laune vor. „Frau Kolumna", rief Bibi. „Florian hat eine tolle Idee, wie wir die Computerhexe vielleicht doch noch einfangen können." „Ja", erklärte Florian. „Die Computerhexe muss freiwillig in den Computer zurückkehren." „Und wie willst du sie dazu bringen?", fragte Karla skeptisch. „Also", begann Florian, „erst mal muss ich die fünf Hexen aus den fünf Spielen in ein Spiel kopieren. Das geht so, als wenn man Musik von einer Kassette auf eine andere überspielt. Ist ganz einfach." „Und die Jäger?", fragte Karla. „Ohne Jäger natürlich", antwortete Florian ungeduldig. „Und wenn alle Hexen auf einem Haufen sind, dann feiern sie natürlich ein Hexenfest", mischte sich Bibi ein. „Und da will die Computerhexe bestimmt dabei sein. Und wenn sie erst mal im Computer drin ist, kommt sie

47

ohne mich da nicht wieder raus." Karla Kolumna sah die beiden bewundernd an. „Das wäre sensationell!! Florian, du bist ein Genie. Na dann los! An die Arbeit."

Florian kopierte die fünf Hexen aus den Spielen auf seinen Computer, und es passierte, was Bibi vorausgesagt hatte. Im Nu war ein Hexenfest im Gange. Jetzt mussten sie nur noch die sechste Hexe herbeilocken. „Wir machen genau das, was Sie gemacht haben, Frau Kolumna", sagte Bibi. „Los, Flori, schreib: 'Großes Hexenfest bei Florian. Die Party hat schon begonnen.'" Noch während Florian schrieb, ertönte bereits das bekannte Lachen der Computerhexe. „Ach", keckerte sie, „ihr schon wieder. Hast du meine Schwestern freigelassen?" „Klar", antwortete Bibi. „Die feiern schon 'ne Party. Zeig's ihr, Flori!" Florian tippte auf einige Tasten, und die Hexen erschienen auf dem Bildschirm. „Die feiern ohne mich?", rief die Computerhexe aufgeregt. „Da muss ich mitmachen! Hallo, Schwestern, ich kommeee...!"

Mit einem Zischen verschwand sie in Florians Computer. „Jippie, ich hab sie!", schrie Florian und riss die Arme hoch. „Hurra, sie ist drin!" Bibi und Karla Kolumna fielen sich in die Arme.

Geschafft! Die Computerhexe war bei ihren Schwestern und feierte, und in Neustadt kam langsam alles wieder in Ordnung. Die Computer funktionierten wie eh und je, Bernhard Blocksberg wurde seine Million wieder los und der Bürgermeister freute sich über ein neues Umfrageergebnis. Und Bibi? Bibi spielte mit Florian ein neues Spiel am Computer: Hexenfest.

Derjenige gewann, dessen Hexe am weitesten springen und die meisten Loopings auf dem Besen machen konnte. Und bei diesem Spiel war Bibi gar nicht schlecht. Eigentlich waren Computerspiele doch nicht so langweilig, wie sie immer gedacht hatte. Nur Hexenschießen, das wollte sie nie wieder spielen.

Bilder-Kreuzworträtsel

EENE MEENE MEI,
Komm herbei Kartoffelbrei
HEX-HEX!

Welchen Hexspruch ruft Bibi? Wenn du das Bilder-Kreuzworträtsel richtig löst, kannst du die fehlenden Wörter von oben nach unten in den rot unterlegten Kästchen lesen.

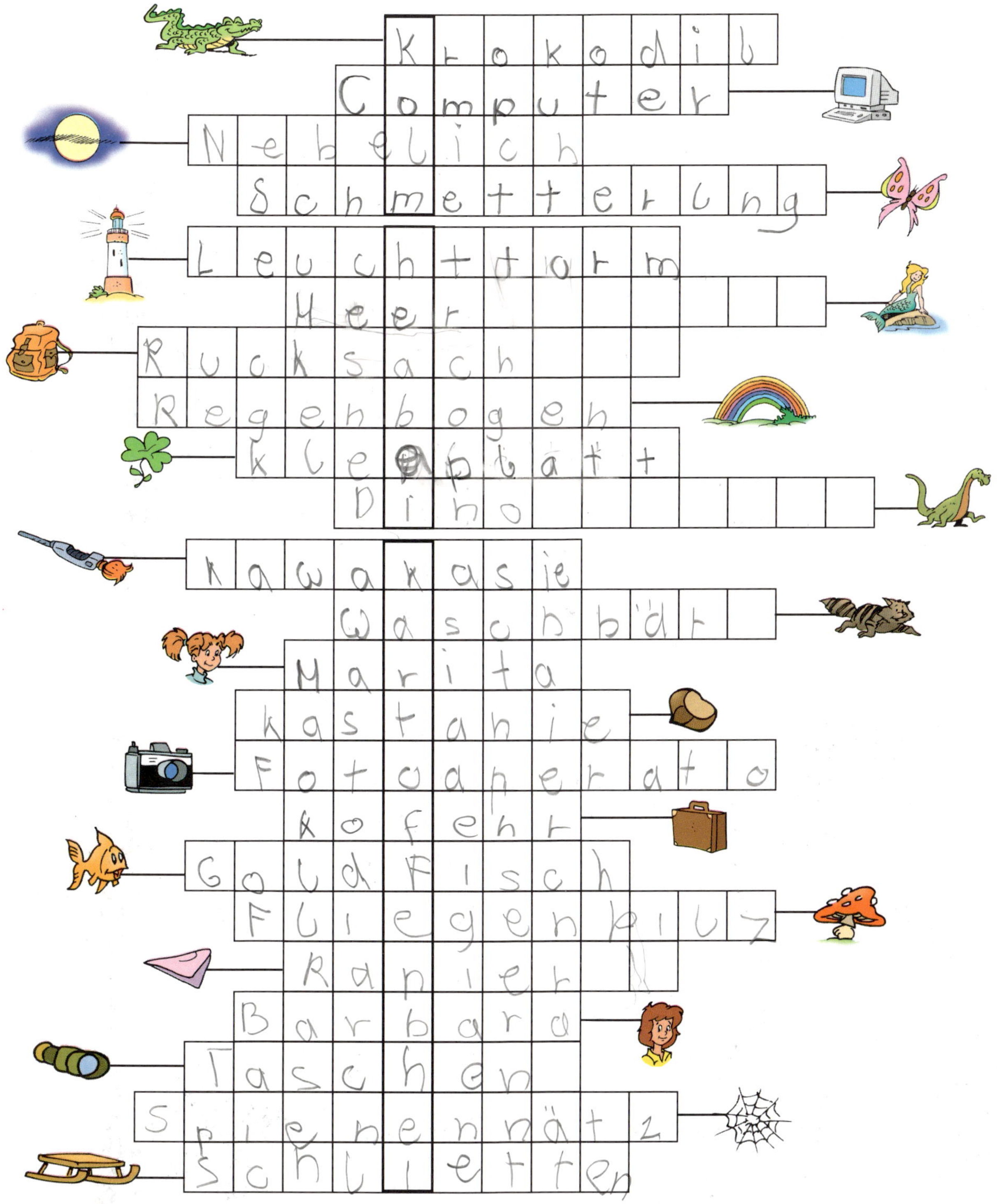

- Krokodil
- Computer
- Nebel
- Schmetterling
- Leuchtturm
- Meer
- Rucksack
- Regenbogen
- Kleeblatt
- Dino
- Kawakasie
- Waschbär
- Marita
- Kastanie
- Fotoaparato
- Kofehr
- Goldfisch
- Fliegenpilz
- Ranier
- Barbara
- Taschen
- Spinnennetz
- Schlitten

Lösung: komm herbei Kartoffelbrei.

Der magische Luftballon

Alle können es sehen: Bibi sticht mit einer Nadel in einen Luftballon. Marita hält sich schon die Ohren zu, denn sicher knallt es gleich. Aber zu ihrer Überraschung platzt der Ballon gar nicht! Weißt du warum? Bibi hat einen kleinen Trick angewandt.

Für diesen Trick brauchst du einen Luftballon, eine Nadel und durchsichtigen Tesafilm.

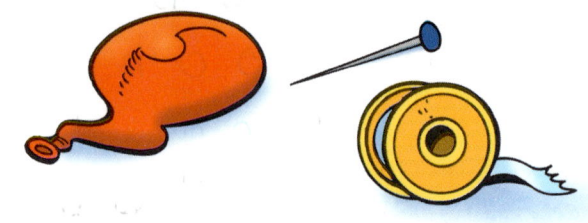

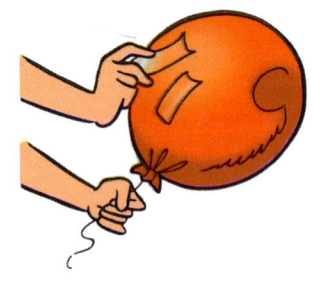

Puste den Ballon auf und klebe an zwei oder drei Stellen ein kleines Stück Tesafilm. Merke dir, wo sie sind. Dann lass die Luft wieder aus dem Ballon.

Wenn du den Trick vorführst, holst du einfach den präparierten Luftballon aus der Tasche. Zeige ihn kurz herum, und erkläre, dass es ein ganz normaler Luftballon ist. Puste ihn vor den Augen deiner Zuschauer auf. Wenn du etwas Abstand hältst und das Licht gedämpft ist, können sie den Tesafilm nicht erkennen.
Sprich nun laut einen Hexspruch: „Eene meene Katzentatzen, Luftballon, du wirst nicht platzen. Hex-hex!" Stich deutlich sichtbar in die mit Tesafilm präparierten Stellen des Luftballons. Nichts passiert!

Zum Schluss fragst du deine Zuschauer: „Ihr glaubt wohl, dass dieser Luftballon gar nicht platzen kann?" Dann sprichst du noch einmal einen Hexspruch: „Eene meene Katzenkrallen, Luftballon, du wirst nun knallen. Hex-hex!" Jetzt stichst du in eine nicht präparierte Stelle. Mit einem lauten Knall platzt der Ballon!

Karten-Wahrsagen

Einer von Bibis Lieblingstricks heißt Karten-Wahrsagen. Er ist ganz einfach und verblüfft immer wieder. Du brauchst dafür nur ein Kartenspiel mit 32 Karten und ein bisschen Übung.

1. Lass einen Zuschauer die Karten mischen. Wenn du sie zurückbekommst, schau heimlich die unterste Karte an. (In diesem Beispiel ist es die Kreuz-Sieben.)
Teile die Karten in vier Stapel auf, indem du immer acht Karten abzählst. Am Schluss liegen die vier Häufchen nebeneinander vor dir. Die oberste Karte vom letzten Stapel kennst du bereits: Es ist diejenige, die du heimlich angesehen hast.

2. Sprich nun: „Eene meene Schweineschwarten, ich kenne alle ersten Karten. Hex-hex!"
Dann sagst du laut die Karte voraus, die du schon kennst (hier: Kreuz-Sieben).
Nimm die oberste Karte vom ersten Stapel. Zeige sie nicht her, aber sage, dass du recht gehabt hast – obwohl das natürlich nicht stimmt.

3. Nun sagst du die Karte vorher, die du tatsächlich vom ersten Stapel gezogen hast (hier: Herz-König).
Dann ziehst du die oberste Karte vom zweiten Stapel. Schaue sie kurz an und erkläre wieder, dass du dich nicht geirrt hast. Zeige die Karte nicht vor.

4. Als nächstes sagst du die Karte voraus, die du vom zweiten Stapel gezogen hast (hier: Kreuz-Ass).
Dann ziehst du die oberste Karte vom dritten Stapel. Wirf einen Blick darauf und nicke zufrieden. Halte die Karten weiter verdeckt.

5. Zuletzt kündigst du die Karte an, die du vom dritten Stapel abgehoben hast (hier: Karo-Dame).
Nimm die oberste Karte vom vierten Stapel. Sage wieder, dass deine Vorhersage richtig war. Erst jetzt zeigst du die Karten deinem Publikum: Es sind tatsächlich die vier Karten, die du genannt hast.

Raten & Reimen

Vervollständige Bibis Hexsprüche. Du musst dafür die Bilder richtig zuordnen.

EENE MEENE GROSSES SCHILD, VERBINDE HEX-REIM-SPRUCH UND BILD. HEX-HEX!

EENE MEENE WEISSER
AUS DIR WIRD EIN SCHEUES Rehe.
HEX-HEX!

EENE MEENE ALTE
AUF DEM SPIELPLATZ STEHT 'NE Rutsche.
HEX-HEX!

EENE MEENE
AUF DEN KOPF 'NE Mütze.
HEX-HEX!

EENE MEENE
IN DER WANNE SCHWIMMT EIN Hai.
HEX-HEX!

EENE MEENE GRAUE
HIER STEHT NUN EIN SCHÖNES Haus.
HEX-HEX!

EENE MEENE
HEUTE SCHEINT DIE Sonne.
HEX-HEX!

EEENE MEENE
IM GARTEN HÄNGT EIN Lampion...
HEX-HEX!

Die gefräßige Schlange und Der magische Kreis

Die gefräßige Schlange

Für die Schlange stellen sich alle Kinder hintereinander auf. Jeder legt beide Hände auf die Hüften des Vordermanns.

Das erste Kind ist der Kopf der gefräßigen Schlange. Das letzte Kind ist die Schwanzspitze.

Der *Kopf* versucht jetzt, den *Schwanz* zu fangen.

Dabei müssen sich alle gut festhalten, denn sonst reißt die Schlange entzwei.

Gelingt es dem ersten Kind, den *Schwanz* zu schnappen, darf es sich hinten anhängen. Das zweite Kind in der Schlange übernimmt nun seine Rolle als Kopf.

Das Spiel endet, wenn alle Kinder einmal der *Kopf* der Schlange waren.

Der magische Kreis

Dieses Spiel ist besonders aufregend, wenn man es im Dunkeln spielt. Deshalb: Vorhänge zu und Licht aus!

Zuvor bilden die Spieler jedoch zwei Mannschaften. Jede steckt für sich auf dem Boden einen magischen Kreis ab (zum Beispiel mit zwei Seilen). Ein Kind spielt nicht mit, sondern bedient den Lichtschalter und gibt die Kommandos.

Jede Mannschaft stellt sich in ihrem magischen Kreis auf. Anschließend wird das Licht ausgeknipst.

Auf das Kommando: „Eene meene ich bin du, Hexen tauscht den Platz im Nu. Hexhex!", müssen alle Kinder versuchen, im Dunkeln von ihrem Kreis in den anderen zu wechseln.

Das Kind am Lichtschalter zählt bis 50 und knipst dann das Licht an. Alle müssen stillstehen. Wer hat in der Dunkelheit den richtigen Weg gefunden?

Fledermäuse im Anflug

So eine Fledermaus-Brosche lässt jedes Hexenherz höher schlagen! Bibi hat sich ihren frechen Flattermann aus Moosgummi gebastelt. Auch du kannst so ein Schmuckstück selber anfertigen, entweder für dich oder als tolles Geschenk für eine Freundin.

Du brauchst:
Schwarzen und gelben Moosgummi (2 Millimeter dick), eine Broschennadel, 2 Strass-Steine, Transparentpapier, eine Schere und Klebstoff. Diese Dinge bekommst du in jedem Bastelgeschäft oder Kaufhaus.

So geht's:
Pause die beiden Vorlagen rechts ab. Dazu nimmst du am besten einen weichen Bleistift und Transparentpapier.
Übertrage nun die größere Vorlage auf den gelben Moosgummi und die kleinere auf den schwarzen. Hierfür legst du das Transparentpapier mit der Zeichnung nach unten auf den Gummi und drückst die Bleistiftlinien mit einem stumpfen Gegenstand durch (z.B. dem Griff der Schere).

Nun musst du nur noch die Moosgummi-Fledermaus auf die Broschennadel kleben. Fertig ist dein frecher Flattermann!

Schneide beide Formen aus und klebe die schwarze Fledermaus auf die gelbe Form.

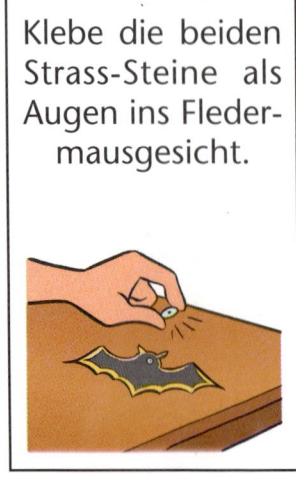

Klebe die beiden Strass-Steine als Augen ins Fledermausgesicht.

Schubias Strubbel-Köpfe

Kein Wunder, dass diese frechen Tomatenköpfe zu Schubias Lieblings-Partysnacks gehören. Denn sie haben ebenso grüne Haare wie die Punkerhexe. Besonders gut schmecken sie mit frischem Brot und Butter.

Zutaten:

2 gewaschene Tomaten, 2 Bund Schnittlauch, Frischkäse, Quark, 1 bis 2 Frühlingszwiebeln, Salz, gemahlener Pfeffer und Pfefferkörner.

Zubereitung:

Als Erstes bereitest du die Tomaten vor: Schneide jeweils oben einen Deckel ab und höhle die Tomate mit einem Teelöffel aus. Etwa die Hälfte des Tomateninneren stellst du für die Füllung beiseite.

Für die Füllung verrührst du zunächst 4 Esslöffel Quark und 4 Esslöffel Frischkäse.

Schneide nun die Frühlingszwiebeln und einen halben Bund Schnittlauch klein und gib beides zur Quark-Käse-Mischung. Mische das kleingeschnittene Tomateninnere bei.

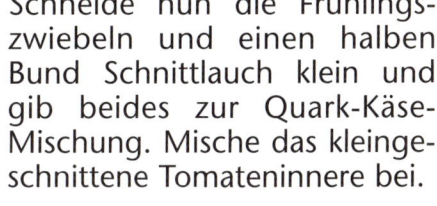

Würze die Füllung mit Salz und Pfeffer. Verteile sie auf die beiden Tomatenköpfe.

Für die Gesichter musst du die Haut der Tomaten einritzen: Je zwei Punkte für die Augen und jeweils einen kleinen Schlitz für Mund und Nase. In diese Schlitze steckst du anschließend die schwarzen Pfefferkörner. (Nicht essen! Sie sind nur Dekoration!)

Schneide den restlichen Schnittlauch in etwa fünf Zentimeter lange Stücke und stecke die Schnittlauchhaare in der Quark-Käse-Creme fest.

Getränke-Tipp
Würfel-Drinks
Fülle verschiedene Säfte (z.B. Bananen-, Waldmeister-, Kirsch- und Pfirsichsaft) in mehrere Eiswürfelfächer. Die Eiswürfel gibst du in ein Glas und gießt Mineralwasser darüber.

Mania, die Meisterhexe

Mania, die Meisterhexe, ist die älteste Hexe. Sie schaut so streng, dass sich manche Junghexen vor ihr fürchten.

Sie kleidet sich ganz im traditionellen Stil mit einem langen Kleid und einem schwarzen Hut.

Wenn du dich wie Mania verkleiden möchtest, darfst du tief in die Klamottenkiste greifen.

Dein Kostüm

Mania geht nie ohne ihren schwarzen Hut aus dem Haus. Wenn du keinen Hexenhut hast, kannst du einen normalen Herrenhut oder einen Sonnenhut mit Tüchern schmücken.

Zum traditionellen Hexengewand gehören entweder ein langes Kleid oder eine Bluse und ein langer Rock.

Schmink dir viele Falten und Runzeln ins Gesicht. Mania ist auch sehr stolz auf ihre dicke Warze auf der Nase!

Zu deinem Kostüm gehört unbedingt ein Reisigbesen wie Manias *Fuzzi*.

Halbhohe Schnürstiefel sind klassische Hexenschuhe.

Der Blaue Brief

Fröhlich singend flog Bibi Blocksberg auf ihrem Besen Kartoffelbrei von der Schule nach Hause. Sie war bester Laune, denn die letzte Stunde – ausgerechnet Mathe! – war ausgefallen, und Mathe gehörte nicht gerade zu ihren Lieblingsfächern. Überhaupt lief es in der Schule zur Zeit nicht besonders gut und manchmal bekam sie Bauchschmerzen bei dem Gedanken an die bevorstehenden Zeugnisse.

Als das Haus der Blocksbergs in Sicht kam, holte Bibi übermütig zu einem doppelten Looping aus und setzte anschließend mit einer präzisen Punktlandung vor ihrer Haustür auf – direkt neben Herrn Klappermann, dem Briefträger. „Saubere Landung", lobte Herr Klappermann. Als er neu war in dieser Gegend, hatten ihn so unerwartete Anflugmanöver von Bibi oder ihrer Mutter Barbara Blocksberg oft zu Tode erschreckt, aber mittlerweile irritierte ihn weder die Fliegerei noch die zuweilen sehr merkwürdig aussehende und vor allem riechende Post der Familie Blocksberg. Bibi und ihre Mutter waren eben Hexen, aber sonst ganz normale nette Menschen.

Herr Klappermann überreichte Bibi zwei Briefe. Bibi hielt sie an die Nase. Der eine roch nach Schwefel – sicher von Tante Mania –, der andere roch gar nicht. Er war an ihre Eltern adressiert und trug einen Schulstempel. „Hast du Probleme in der Schule?", fragte Herr Klappermann mitfühlend. „Der sieht aus wie ein Blauer Brief. Versetzung gefährdet und so ... Aber vielleicht ja auch nicht. Ich muss weiter. Tschüss, Bibi."

Bibis gute Laune war wie weggeblasen. Ob Herr Klappermann Recht hatte mit seiner Vermutung? Sie musste unbedingt wissen, was in diesem Brief stand, bevor ihre Eltern ihn lasen. Leise schlich sie ins Haus.

Zum Glück telefonierte ihre Mutter gerade, sodass sie ungesehen in ihr Zimmer gelangte. Unschlüssig drehte Bibi den Brief in ihren Händen. Sie wusste, dass man fremde Post nicht öffnen durfte, aber dieser Brief hier war von der Schule und ging schließlich vor allem sie an. Außerdem konnte sie ihn ja anschließend wieder zuhexen, und niemand erfuhr davon. Also los.

"Eene meene Pferdemief, öffne dich, du Blauer Brief. Hex-hex!", flüsterte Bibi. Aufgeregt zog sie das Schreiben aus dem Umschlag und fand ihre schlimmsten Befürchtungen bestätigt: Versetzung gefährdet, Mathematik und Deutsch nicht ausreichend, Mitarbeit lässt zu wünschen übrig. "Phh, kein Wunder bei dem lahmen Unterricht", murmelte Bibi erbost. Eine von den Eltern unterschriebene Kopie des Briefes sollte spätestens am kommenden Freitag der Klassenlehrerin zurückgegeben werden. Na, toll!

"Bibi, bist du schon da?", ertönte in diesem Moment die Stimme ihrer Mutter. Ach, du Schreck. Schnell weg mit dem Brief.

"Eene meene Satteltasche, Blauer Brief, werde zu Asche. Hex-hex!", flüsterte Bibi. Da stand auch schon Frau Blocksberg in der Tür und zog misstrauisch die Luft durch die Nase. "Wonach riecht es hier? Hast du gekokelt?", fragte sie. "Aber Mami! Aus dem Alter bin ich nun wirklich raus. Was hast du da?", fragte Bibi ablenkend und zeigte auf das T-Shirt, das Frau Blocksberg fein säuberlich zusammengelegt in ihren Händen hielt. "Hast du das etwa gebügelt?", Bibi nahm das T-Shirt und faltete es auseinander. "Mann, Mami, T-Shirts bügelt man doch nicht, die trägt man zerknittert!", ereiferte sie sich. "Damit geh ich nicht in die Schule. Das hex ich wieder knitterig."

Frau Blocksberg sah ihre Tochter böse an. "Das ist doch wohl nicht dein Ernst!", rief sie. "Dann kümmere dich in Zukunft selbst um deine Sachen. Ewig diese Meckerei!" Mit diesen Worten drehte sie sich um und verließ verärgert Bibis Zimmer. Puh, das war noch mal gut gegangen! Das T-Shirt war Bibi eigentlich völlig egal, ihre einzige Sorge galt der Asche, die von dem Blauen Brief übrig geblieben war. Wenn Mami die sah, würde sie todsicher unangenehme Fragen stellen. Wohin also damit? Sie sah sich suchend in ihrem Zimmer um. In die leere Bonbondose, genau. Damit war das Zeug erst mal vom Tisch.

Tja, jetzt saß die kleine Hexe da mit ihrem schlechten Gewissen. Dass sie einen Blauen Brief erhalten hatte, war schon schlimm genug, aber daß sie ihn heimlich geöffnet hatte, würden ihre Eltern ihr sehr übel nehmen. Heute war Dienstag, und spätestens am Freitag musste der Brief unterschrieben in der Schule sein. Was sollte sie nur tun? Bibi hielt es in ihrem Zimmer nicht mehr aus, sie musste dringend mit jemandem reden. "Ich flieg zu Marita," beschloss sie. Wozu hatte man eine beste Freundin?

Marita war zum Glück zu Hause. Doch statt Zuspruch bekam Bibi von der Freundin erst mal Vorwürfe. "Mensch, Bibi, Briefe unterschlagen ist was ganz Schlimmes!" "Das weiß ich selber", verteidigte sich Bibi, "aber ich hab's nun mal getan und muss da irgendwie wieder raus." Ein Weilchen saßen die beiden Mädchen schweigend nebeneinander. Dann erhellte sich Maritas Miene. „Ich hab's", rief sie. „Du musst jetzt wie verrückt ranklotzen. Am besten nimmst du Nachhilfe. Freiwillig!" Bibi sah Marita empört an. „Nachhilfe? Igitt!" Aber eigentlich war die Idee gar nicht so schlecht. Erstens hatte sie wirklich keine Lust sitzenzubleiben und zweitens zeigte sie damit ihren Eltern, dass sie sich ernsthaft anstrengen wollte, und das schaffte zumindest gute Stimmung.

Beim Abendessen eröffnete Bibi den Eltern ihre guten Absichten. Doch bevor Barbara und Bernhard Blocksberg den überraschenden Arbeitseifer ihrer Tochter würdigen konnten, klingelte es an der Haustür. Es war Karla Kolumna, die rasende Reporterin. Sie hatte gehört, dass zur Zeit wieder die berühmten Blauen Briefe von den Schulen verschickt wurden, und wollte gern zu diesem Thema ein Interview machen mit der stadtbekannten Junghexe Bibi Blocksberg. „Was würdest du tun, wenn du so einen Brief bekommst?", fragte sie Bibi. Ach, du lieber Himmel! Bibi wurde heiß und kalt. „Blauer Brief? D-d-davon habe ich keine Ahnung", stotterte sie. Zum Glück kam ihr Vater Bernhard zu Hilfe. Blaue Briefe gäbe es in seiner Familie nicht. „Wir schützen uns davor mit Nachhilfeunterricht, nicht wahr, Bibi?" „Ja, Papi", antworte Bibi beklommen. Barbara sah ihre Tochter nachdenklich von der Seite an. „Ich denke, das ist kein Thema für Bibi, Frau Kolumna", sagte sie. „Genau", pflichtete Bibi ihrer Mutter bei. „Das ist Privatsache und geheim."

„Na, gut", entschied Karla Kolumna. „Dann schreibe ich: Die stadtbekannte Junghexe, die natürlich keinen Blauen Brief bekommen hat, meint, man solle zu seinen schlechten Zensuren stehen und sie durch Nachhilfe zu verbessern suchen."

Bibi fühlte sich elend. Schlimmer konnte es kaum kommen. Morgen würden ihre Lehrer und Mitschüler in der Zeitung lesen, dass Bibi Blocksberg keinen Blauen Brief erhalten hatte und allen schlechten Schülern

auch noch Ratschläge gab. Das musste sie unbedingt verhindern, sonst konnte sie sich in der Schule nicht mehr sehen lassen.

Erwartungsvoll schlug Bernhard Blocksberg am nächsten Morgen die Zeitung auf. Aber was war das? Unter der Überschrift 'Blaue Briefe' war jede Zeile verschmiert und vollkommen unleserlich. So eine Schlamperei! Wie sich bald herausstellte, war der Blaue-Brief-Artikel nicht nur in Bernhards, sondern in allen Neustädter Zeitungen unleserlich. Bernhard regte sich furchtbar auf, Bibi schien das Ganze nicht zu interessieren und Barbara sagte nichts dazu.

Es kam der Donnerstag. Bibis Nervosität stieg, obwohl sie sich krampfhaft bemühte, nicht an das Aschehäufchen in ihrer Bonbondose zu denken. Zu allem Übel hatten sie und ihre Mutter am Vortag auch noch ihre Mathe-Lehrerin, Frau Müller-Riebensehl, beim Einkaufen im Supermarkt getroffen, und Bibi hatte nur mit viel Hexerei das Thema Blauer Brief verhindern können. Aber Mami war seitdem merkwürdig reserviert. Ob sie etwas ahnte? Und dann die Sache mit Karla Kolumnas verschmiertem Zeitungsartikel! Bibi hatte ein sehr schlechtes Gewissen der Reporterin gegenüber, denn natürlich steckte sie hinter der ganzen Sache. Ach, es war zum Verzweifeln! Was sie auch tat, es wurde alles nur noch schlimmer.

Nein, so konnte es nicht weitergehen. Sie hatte sich das eingebrockt und musste jetzt sehen, wie sie es auch allein wieder in Ordnung brachte. Entschlossen bestieg Bibi ihren Besen Kartoffelbrei und flog zum Pressehaus, wo Karla Kolumna ihr Büro hatte. Sie wollte der Reporterin alles beichten, und bestimmt würde die ihr verzeihen. Aber so leicht, wie Bibi sich das vorgestellt hatte, lief die Sache nicht ab. „Ich habe im Moment keine Zeit für dich", ließ Karla die kleine Hexe abblitzen und hämmerte ohne aufzusehen auf die Tasten ihrer Schreibmaschine ein. „Ich schreibe gerade einen Entschuldigungsartikel zum Thema 'Verschmierte Druckerschwärze'. Fällt dir zufällig was dazu ein, Bibi Blocksberg?" Auweia! So sauer hatte Bibi die Reporterin selten gesehen. „Äh ... ja. Deswegen bin ich ja hier. Also, ich will ein Interview geben. Wegen der Blauen Briefe", druckste Bibi. „Soll ich Ihnen ein Geheimnis verraten?" Karla tippte ungerührt weiter. „Dass Bibi

Sag ihnen einfach die Wahrheit. Den Kopf wird es schon nicht kosten."

Karla Kolumna hatte wie immer Recht. Erleichtert verließ Bibi das Büro. Ja, sie würde den Brief wieder heilhexen und morgen früh, kurz bevor sie das Haus verließ, den Brief ihrem Vater so nebenher unter die Nase schieben: Hier, unterschreib mal schnell.

Der Freitag kam. Bibi holte die Bonbondose aus ihrem Schrank und sagte einen Hexspruch: „Eene meene kleiner Mief, Asche werde wieder Brief. Hex-hex!" Doch nichts geschah. Bibi wurde nervös. Wieso funktionierte der Spruch nicht? Noch mal: „Eene meene kleine Masche, sei ein Brief und nicht mehr Asche. Hex-hex!" Wieder nichts. Oje! Das war's dann wohl.

Blocksberg einen Blauen Brief bekommen hat und nachts in der Druckerei meinen Artikel verschmiert hat ...?" fragte sie kühl. Bibi verschlug es einen Moment die Sprache. „Ja, ... aber ... woher ...?", stammelte sie. Endlich sah Karla von ihrer Schreibmaschine auf. „Hör mal, Kindchen", sagte sie. „Erstens kann Tante Karla kombinieren, und zweitens bist du in der Nacht beim Hexen in der Druckerei gesehen worden." Bibis Augen füllten sich mit Tränen. „Ach, Bibilein", fuhr die Reporterin versöhnlich fort. „Deine Eltern sind doch in Ordnung. Da kenne ich ganz andere Fälle.

Im Schneckentempo flog Bibi zur Schule. Gleich in der ersten Stunde hatten sie Frau Müller-Riebensehl. Jeder, der einen Blauen Brief erhalten hatte, sollte einzeln vortreten und ihn unterschrieben zurückgeben. Kiki war als Erste an der Reihe, dann Franziska. Bibi rutschte auf ihrem Stuhl immer tiefer. „Ich hex mich weg", flüsterte sie ihrer Freundin Marita zu. „Bibi!", ertönte da die Stimme von Frau Müller-Riebensehl. „Bibi Blocksberg. Klebst du auf deinem Stuhl?" „Ja", stotterte Bibi. „Ganz komisch, es ist als ob ich festsitze." „Nun, gut", sagte die Lehrerin entschlossen und erhob sich. „Ich kann mir den Brief auch holen!"

In diesem Moment landete auf dem Fensterbrett des Klassenzimmers eine Bibi wohl bekannte Gestalt auf ihrem Besen. „Mami", flüsterte die kleine Hexe. Etwas außer Atem begrüßte Barbara Blocksberg die Klasse und entschuldigte sich bei Frau Müller-Riebensehl für ihr plötzliches Eindringen. „Diesen Brief hat meine Tochter heute morgen auf dem Küchentisch liegen lassen", sagte sie und überreichte der Lehrerin den Blauen Brief. „Sie wollte ihn doch heute pünktlich abgeben. Unterschrieben natürlich."

„Mami!!! Mamilein!!", Bibi stieß ihren Stuhl um und stürmte auf ihre Mutter zu. Aber Frau Müller-Riebensehl duldete solche Gefühlsausbrüche in ihrem Unterricht nicht. „Setz dich sofort wieder hin, Bibi!", rief sie. „Ich flieg ja schon", lachte Frau Blocksberg, zwinkerte ihrer Tochter noch einmal zu und startete ihren Besen.

Bibi strahlte. Ihre Mami! Ohne Vorwürfe, ohne böses Gesicht und vor allem ohne ein Sterbenswörtchen zu Frau Müller-Riebensehl hatte sie ihr aus der Patsche geholfen.

Später, auf dem Heimflug, kamen Bibi jedoch Bedenken. Was würde sie wohl zu Hause erwarten? Gab's nun doch noch das große Donnerwetter?

Bernhard und Barbara Blocksberg saßen nebeneinander auf dem Sofa, als Bibi das Wohnzimmer betrat. „Mami ... Papi ... ich weiß nicht, wie ich mich entschuldigen

soll", stotterte sie kleinlaut. Aber Barbara streckte ihre Arme aus. „Wie wär's, wenn du erst mal zu uns aufs Sofa kuscheln kommst", sagte sie sanft. „Ich glaube, das haben wir drei jetzt dringend nötig."

„Genau", brummte Bernhard. Überglücklich stürzte sich Bibi auf ihre Eltern und überschüttete sie mit Küssen und Umarmungen. Eine Zentnerlast fiel ihr von der Seele.

Nachdem sich die Gemüter wieder einigermaßen beruhigt hatten, nahm Barbara Blocksberg ihre Tochter ernsthaft ins Gebet, und Bibi versprach hoch und heilig, nie wieder Post an ihre Eltern zu öffnen. Die Ängste der letzten Tage wollte sie nicht noch einmal erleben. Aber wie hatte ihre Mutter das alles rausgekriegt? „Hexennasen reagieren eben sehr empfindlich auf Verbranntes", lachte Barbara. „Und es hat mich schon sehr interessiert, warum du Asche in einer Bonbondose aufbewahrst."

„Und wieso konnte ich den Brief nicht zurückhexen?", fragte Bibi. „Eene meene kleine Masche …". „Dicke Masche, Schätzchen", verbesserte Frau Blocksberg.

„Wenn ich auch mal was sagen darf", unterbrach Herr Blocksberg. „Erstens: Deine Schulprobleme sind nicht weggehext. Also, Töchterchen, ab morgen ist Arbeiten angesagt, mit und ohne Nachhilfe! Zweitens und drittens: Mein Magen knurrt. Wie wär's, wenn meine beiden Hexen ihre Kräfte jetzt mal gemeinsam für mein leibliches Wohl einsetzen würden? Du, Bibi, deckst … h…hext den Tisch, und von dir, Barbara-Mäuschen, wünsche ich mir Spaghetti Bolognese und eine schöne Flasche Rotwein."

Es wurde ein sehr gemütlicher Abend im Hause Blocksberg. Vergessen waren die Aufregungen und Schwindeleien der letzten Tage, und Bibi konnte endlich wieder ruhig schlafen.

Post zum Puzzeln

Eine witzige Idee, eine Freundin zu überraschen, ist eine Puzzle-Postkarte mit Bibi-Motiv. Denn bevor deine Freundin die Karte lesen kann, muss sie erst einmal die Einzelteile zusammensetzen. Mit Hilfe der Zeichenvorlage auf dieser Seite kannst du so eine Puzzle-Postkarte selber basteln. Alles, was du brauchst, sind weißes Papier, Pappe, Buntstifte, eine Schere und Klebstoff.

1. Pause die Zeichenvorlage ab und klebe sie auf die Vorderseite der Pappe.

2. Male das Bild von Bibi und ihren Freundinnen bunt aus.

3. Auf die Rückseite der Pappe schreibst du nun deinen Brief.

4. Schneide die Bibi-Postkarte in verschieden geformte Puzzleteile.

5. Stecke die einzelnen Stückchen in einen beschrifteten Briefumschlag und gib ihn bei der Post auf.

Wetten, dass deine Freundin sich über den ungewöhnlichen Brief freut?

64

Hexenfangen und Wollewickeln

Hexenfangen

Beim Hexenfangen kämpfen die weiße und die schwarze Hexe gegeneinander. Die schwarze Hexe versucht, alle Kinder einzufangen und sie in Steine zu verwandeln. Die weiße Hexe dagegen weckt alle wieder auf. Das Spiel endet, wenn entweder alle Kinder zu Stein geworden sind, oder sich alle frei bewegen. Ihr könnt aber auch vorher eine bestimmte Spieldauer vereinbaren.

Vor Spielbeginn werden die beiden Hexen ausgelost oder ausgeknobelt.

Dann geht es los: Die schwarze Hexe versucht, so viele Kinder wie möglich zu fangen. Jedes Mal, wenn sie eines berührt, muss es stehen bleiben und darf sich nicht mehr bewegen.

Die weiße Hexe läuft zu den versteinerten Kindern und befreit sie. Aber Vorsicht! Auch sie kann von der schwarzen Hexe zu Stein verwandelt werden!

Wollewickeln

Dieses Spiel ist bei Bibi und ihren Freundinnen besonders beliebt.

Ehe du mit deinen Freunden *Wollewickeln* spielen kannst, musst du erst das Knäuel vorbereiten. Dafür nimmst du ein kleines Geschenk und wickelst so lange Wolle darum, bis ein richtig dickes Knäuel entsteht. Man darf nicht mehr sehen, was sich im Knäuel verbirgt.

Lege einen Würfel bereit.

Alle Spieler lassen sich im Kreis nieder.

Das Kind, das als Erstes eine 6 würfelt, beginnt. Es nimmt das Wollknäuel in die Hand und wickelt den Faden so weit wie möglich ab.

Die anderen Mitspieler würfeln möglichst schnell abwechselnd im Kreis herum. Würfelt einer von ihnen eine 6, erhält er das Knäuel und wickelt den Faden weiter ab.

Wer am Ende das Knäuel ganz abgewickelt hat, darf das kleine Geschenk im Inneren behalten.

Besonders schön ist es, wenn für eine Party mehrere Wollknäuel vorbereitet wurden.

Die Kettenreaktion

Bibi lässt fünf einzelne Büroklammern in einen Briefumschlag fallen. Kurze Zeit später zieht sie eine Kette aus Büroklammern heraus. Kannst du dir vorstellen, wie sie das geschafft hat?

1. Zunächst hat Bibi ihren Trick gut vorbereitet. Hier siehst du wie: Fünf Büroklammern werden zu einer Kette verhakt. Die Kette kommt in einen Briefumschlag.

2. Die Kette muss in einer Ecke des Umschlags liegen. Diese Ecke wird zugeklebt.

3. Wenn du den Trick vorführst, zeigst du nun solch einen präparierten Briefumschlag vor. Die abgeklebte Ecke hältst du in der Hand, so dass sie schwer zu sehen ist. Dann lässt du fünf einzelne Büroklammern nach und nach in den Umschlag fallen. Klebe schließlich den Umschlag ganz normal zu.

4. Sprich jetzt laut Bibis Hexspruch und bewege dabei den geschlossenen Briefumschlag mit beschwörenden Gesten hin und her.

EENE MEENE KLETTE, AUS DEN KLAMMERN WIRD 'NE KETTE. HEX-HEX!

5. Reiße den Umschlag an der präparierten Ecke auf und ziehe deine Klammernkette heraus. Schwenke sie in der Luft und lass sie vor den Augen deiner Zuschauer baumeln.

Gedankenlesen

Auch wenn du nicht Gedankenlesen kannst wie Bibi, kannst du doch zumindest so tun als ob. Bibi verrät dir wie:

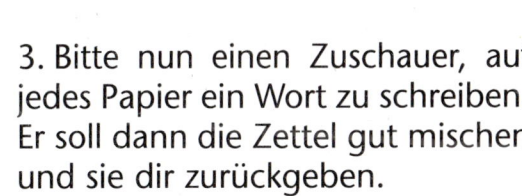

1. Für die Vorführung benötigst du lediglich ein Blatt weißes Papier und einen Stift. Das Licht im Zimmer darf nicht zu hell sein!

2. Falte das Papier zweimal der Länge nach und zweimal quer. Wenn du das Papier nun an den Knicklinien entlang auseinander reißt, erhältst du neun Zettel. Lege den Zettel, der in der Mitte des Papiers war, oben auf deinen Stapel.

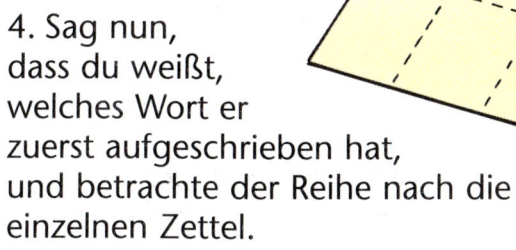

3. Bitte nun einen Zuschauer, auf jedes Papier ein Wort zu schreiben. Er soll dann die Zettel gut mischen und sie dir zurückgeben.

4. Sag nun, dass du weißt, welches Wort er zuerst aufgeschrieben hat, und betrachte der Reihe nach die einzelnen Zettel.

Die Lösung: Das gesuchte Wort steht auf dem Stück Papier, das als Einziges keine glatte Schnittkante hat.

Tipp!
Am leichtesten kannst du das Papier zerteilen, indem du ein Lineal an die Falzlinien anlegst und an ihm entlang reißt.

Knusper, Knusper, Knäuschen

Lade doch einmal deine Freundinnen zum Hexen-Kaffeeklatsch ein. Statt Kaffee servierst du allerdings Hexenpunsch und zum Naschen gibt's süße Hexenhäuschen aus Butterkeksen.

Zutaten für die Hexenhäuschen:
Butterkekse, 1 Ei, 100 Gramm Puderzucker, Gummibärchen, bunte Smarties, abgezogene Mandeln, Rosinen, bunte Zuckerstreusel, Waffelrollen.

So geht's:

1. Trenne das Eigelb und Eiweiß. Am besten ist es, du bittest dabei einen Erwachsenen um Hilfe. Anschließend verrührst du das Eiweiß und den Puderzucker zu einer geschmeidigen Masse und streichst die Kekse damit ein.

2. Verziere die Kekse mit Zuckerstreusel, Gummibärchen, Smarties, Rosinen oder Mandeln.

Besonders hübsch sehen Sterne und Kreuze aus.

Auch Dachziegel aus Mandeln machen sich gut.

3. Schneide die Waffelrollen schräg durch und klebe eine Hälfe auf jeden dritten Keks – das werden später die Schornsteine.

4. Wenn die Verzierung getrocknet ist, kannst du mit der Puderzuckermasse jeweils drei Kekse zu einem Häuschen zusammenkleben.

Getränke-Tipp

Hexenpunsch
Jeweils einen halben Liter roten Früchtetee, roten Traubensaft und Apfelsaft in einen Topf gießen. Dazu den Saft von 1 Orange und einer halben Zitrone geben, plus einem Beutel Glühweingewürz und etwas Zucker. Erhitzen und ziehen lassen.

Such mit!

Bibi und ihre Mutter suchen Zutaten für einen Hexentrank. Sie benötigen ein vierblättriges Kleeblatt, zwei Fliegenpilze, ein Spinnennetz, Vogelfedern und eine schwarze Blume.

Findest du alle diese Dinge auf dem Bild? Kreise sie ein.

Glitzer-Girl und Öko-Hexe

Die Junghexen Arkadia und Xenia sind gute Freundinnen, doch wenn es um ihre Kleider geht, haben sie einen völlig unterschiedlichen Geschmack: Arkadia, das Disco-Girl, trägt einen knappen Minirock, Stirnband und große Ohrringe. Xenia dagegen bevorzugt ihren Schlabberpulli und ausgetretene Schnürstiefel.

Arkadias Glitzer-Kostüm

Wenn du dich wie Arkadia verkleiden willst, brauchst du einen kurzen Rock.

Dazu ziehst du ein bauchfreies T-Shirt an.

Binde dir ein möglichst auffälliges Stirnband um.

Schlüpfe in halbhohe Schuhe.

Toll sehen große Ohrringe aus.

Schminke dir zum Schluss noch die Augen mit lila Lidschatten. Schon kannst du als Arkadia zur Hexenparty gehen.

Xenias Schlabber-Look

Zu einem Kostüm im Xenia-Schlabber-Look gehört unbedingt ein riesiger Wollpulli. Die zu langen Ärmel krempelst du hoch.

Dazu trägst du einen halblangen, möglichst ausgebeulten Rock.

Wollene Kniestrümpfe machen sich besonders gut. Auch Overknee-Strümpfe, die du mit einem Gummiband am Rutschen hindern kannst, sehen gut aus.

Nun fehlen nur noch ausgetretene Schnürstiefel und ein buntes Band in den Haaren (siehe auch Seite 18), dann siehst du wie eine echte Öko-Hexe aus.

Bibi und das Pop-Konzert

Bibi Blocksberg saß mit ihren Eltern Barbara und Bernhard beim Frühstück. Bernhard las seine Zeitung, Barbara schmierte Pausenbrote für ihre Tochter und Bibi rührte gähnend in ihrem Kakao. „Kinder jeden Morgen aus tiefstem Schlaf zu reißen, müsste verboten werden. Warum kann die Schule nicht erst um neun beginnen oder um zehn ..." „Oder überhaupt nicht ...", vollendete Bernhard das Gequengel seiner Tochter und sah Bibi über den Rand seiner Zeitung belustigt an. „Werd' doch Popstar, dafür brauchst du nichts zu lernen, deine Arbeit beginnt erst abends, und offenbar verdient man auch noch gutes Geld damit. Hier", Bernhard hielt Bibi die aufgeschlagene Zeitung entgegen. „Die Black Feet Boys kommen nach Neustadt. Kannst dich gleich bewerben."

„Was?!!" Bibi war auf einmal hellwach. „Jojo kommt mit seiner Band nach Neustadt? Der süße Jojo!" Aufgeregt lief sie um den Tisch herum zu ihrem Vater und sah ihm über die Schulter.

„Zeig mal. Ist da auch ein Bild von ihm?" Bernhard drehte sich entgeistert zu seiner Tochter um: „Sag nicht, dass du diese Milchbubis mit ihren Ziegenbärtchen und den Schlotterhosen toll findest!" „Ach, Papilein", winkte Bibi mitleidig ab. „Davon verstehst du nichts." Mit einem Ruck nahm sie dem Vater die Zeitung weg und las laut vor: „... Die Eintrittskarten kosten dreißig Mark. Der Vorverkauf hat bereits begonnen." Bernhard rang erneut um Fassung. „So viel Geld für das bisschen Geklimper und Gezupfe? Die können doch mit Sicherheit nicht mal Noten lesen", rief er aufgebracht. „Von mir keinen Pfennig. Ich lad dich gern mal in die Oper ein, damit du lernst, was gute Musik ist. So, und jetzt Thema durch! Gibst du mir bitte die Zeitung wieder? Ich würde gerne weiterlesen."

Bibi sah hilfeflehend zu ihrer Mutter. „Mami, bitte! Ich muss dahin!", bettelte sie. Barbara, die das Gespräch zwischen Vater und Tochter amüsiert verfolgt hatte, legte die fertigen Pausenbrote neben Bibis Teller. „Also", begann sie schmunzelnd. „Ich kannte da mal einen gewissen Bernie. Das ist allerdings schon einige Jahre her. Der hat doch damals tatsächlich eine ganze Nacht an der Konzertkasse angestanden nach Karten für die Rockgruppe Rolling Bones. Kannst du dir so was vorstellen, mein Bernie-Bernhard?" Barbara lächelte ihren Mann mit unschuldigem Augenaufschlag an. Irritiert sah Bernhard von seiner Zeitung auf. „Barbara-Mäuschen, das ist nicht fair", murmelte er, doch dann konnte er sich ein Grinsen nicht verkneifen. „Ich weiß noch, wie meine Mutter mit mir geschimpft hat, weil ich erst früh morgens nach Hause gekommen bin. Also gut, also gut, ihr habt gewonnen", lenkte er ein. „Meinetwegen geh zu deinen Black Feet Boys!" „Super! Danke Papi!" Bibi fiel ihrem Vater stürmisch um den Hals. „Deswegen musst du mich nicht gleich erwürgen!", wehrte er lachend ab. „Aber das Geld für das Konzert gibt's nur als Vorschuss. Das wird abgearbeitet!" Bibi tanzte vor Freude durch die Küche. „Alles, was du willst, Papi", rief sie übermütig. „Ich werde Rasen mähen, abwaschen, einkaufen..."

Bibi war überglücklich. Ihre Freunde in der Schule hatten ebenfalls von dem bevorstehenden Konzert gelesen, und es herrschte überall große Aufregung. Ungeduldig warteten Bibi und ihre Freundin Marita auf des Ende des Unterrichts. Endlich war es

soweit. Die beiden Mädchen schnappten ihre Schultaschen und flogen im Eiltempo auf Bibis Besen Kartoffelbrei zum Vorverkaufsbüro. Doch dort erlebten sie eine große Enttäuschung. Die Karten für das Konzert waren restlos ausverkauft. „Wieso setzen die das denn noch in die Zeitung, wenn es sowieso keine Karten mehr gibt?", schimpfte Bibi. „Gemeinheit!" Marita hatte Tränen in den Augen.

„Ich hab mich so darauf gefreut! Bibi, kannst du nicht zwei Eintrittskarten hexen?" Sie sah ihre Freundin hoffnungsvoll an. „Nee", antwortete Bibi zögernd. „Dann krieg ich Ärger. 'Bibilein'", zitierte sie ihre Mutter, „'auch eine kleine Hexe muss lernen, dass man sich nicht jeden Wunsch durch Hexen erfüllen kann'."

Da war nichts zu machen. Niedergeschlagen flog Bibi nach Hause und berichtete ihrer Mutter von der großen Enttäuschung. „Ach, meine Kleine", versuchte Barbara sie zu trösten, „das tut mir Leid. Aber sicher kommt die Gruppe mal wieder nach Neustadt." „Nie!", rief Bibi theatralisch.

„Ach bitte, Mami, kann ich nicht ganz ausnahmsweise Eintrittskarten hexen? Bitte, bitte!" Doch da ließ Barbara nicht mit sich reden. „Bibi, sei vernünftig. Es hat schon seinen Sinn, dass nur eine begrenzte Zahl von Zuhörern reingelassen wird. Ich versteh dich ja, Kind, aber Karten hexen ist hiermit ausdrücklich verboten. Hast du mich verstanden?" „Ja, Mami", versprach Bibi kleinlaut.

Der große Tag des Konzerts kam, und der Wunsch von Bibi und Marita, dabei zu sein, wurde übermächtig. Die Mädchen saßen in Bibis Zimmer auf ihrem Bett. „Ach", seufzte Marita sehnsüchtig, „Wie gerne würd ich jetzt Mäuschen in Jojos Garderobe sein!" Da bekam Bibi plötzlich ein hexisches Glitzern in die Augen. „Marita", flüsterte sie aufgeregt. „Das ist es! Karten hexen ist verboten, aber wer sagt, dass ich uns nicht in Mäuse verhexen darf?" „Klappt das auch?", fragte Marita skeptisch. „Klar!" Bibi sprang vom Bett auf. „Pass auf! Eene meene Mäuschen klein wollen wir bei Jojo sein. Hex-hex!" Funken sprühten, Sternchen blitzten ... und dann war es dunkel.

Eng nebeneinander gekauert fanden sich Bibi und Marita als Mäuschen in Jojos Garderobe wieder – in der Hülle seiner

Gitarre. „Marita", piepste Bibi, „bist du in Ordnung?" „Alles bestens", piepste Marita zurück. „Hör mal, da kommt jemand!" Die beiden Mäuse duckten sich tiefer in die Gitarrentasche und beobachteten mit klopfenden Herzen aus ihrem Versteck, wie die Tür auf ging und Dennis, ein Junge aus Bibis Schule, hereinschlich. Er nahm ehrfürchtig Jojos Gitarre vom Boden hoch und strich mit den Fingern über die Saiten. In diesem Augenblick näherten sich draußen Schritte, und Dennis rannte in Panik davon – mit der Gitarre. „Halt, Dennis!" piepste Bibi, aber der hörte sie natürlich nicht.

Kurz darauf betrat Jojo die Garderobe. Er hatte Dennis offenbar nicht mehr gesehen. Suchend sah er sich im Raum um. „Bibi", piepste Marita. „Jojo sucht seine Gitarre. Das Konzert muss gleich beginnen. Tu was!" „Ich überleg ja schon!", piepste Bibi. „Eene meene großes Glück, Gitarre kehr hierher zurück. Hex-hex!" Doch nichts geschah. „Es geht nicht", piepste sie unglücklich. Jojo holte die anderen Mitglieder seiner Band zu sich, aber keiner hatte eine Ahnung, wo seine Gitarre sein konnte. Er selbst lief erregt in der Garderobe auf und ab. „Die kann doch nicht geklaut sein. So gemein ist keiner!", rief er. „Bibi", piepste Marita erneut.

"Warum hat dein Hexspruch nicht funktioniert?" "Ich fürchte, meine Hexkräfte sind durch den schwierigen Mäuse-Hexspruch erst mal erschöpft", piepste Bibi mutlos. Es war wirklich zum Heulen! Verzweifelt musste sie mit ansehen, wie ihr geliebter Jojo noch einmal jeden Winkel der Garderobe absuchte.

Das Konzert drohte zu platzen. Aus dem Saal waren bereits die ersten Pfiffe ungeduldiger Fans zu hören. Plötzlich flog die Tür auf und Karla Kolumna, die rasende Reporterin der Neustädter Zeitung, stürmte herein. "Hallöchen allerseits. Mein Name ist Karla Kolumna", stellte sie sich den verblüfften Bandmitgliedern vor. "Presse Neustadt. Meine Herren, ich habe den Eindruck, dass es hier Probleme gibt. Wenn Karla helfen kann, tut sie das gern. Also? Wo drückt der Schuh?"

Jojo berichtete ihr in kurzen Worten von seiner verschwundenen Gitarre. Karla Kolumna dachte einen Moment angestrengt nach, dann erhellte sich ihr Gesicht. "Jungs, Kopf hoch. Ich glaube, ich weiß, wer euch helfen kann", rief sie aufmunternd. "Ihr wißt es vielleicht nicht, aber bei uns in Neustadt gibt es zwei Hexen." "Das kann sie ihren Enkelkindern erzählen", murmelte Jojos Freund Mike und erntete dafür einen Rippenstoß von seinem Nachbarn. "Warte doch erst mal ab und hör zu!" Karla Kolumna war begeistert von ihrem rettenden Einfall. "Ihr bleibt jetzt in Ruhe hier. Tante Karla macht das schon." Und wie der Blitz war sie zur Tür hinaus.

Karla Kolumna schwang sich auf ihren Motorroller und brauste zum Haus der Blocksbergs. "Hallöchen, hallöchen", begrüßte sie Bibis Mutter. "Liebe Frau Blocksberg, wie geht es Ihnen? Gut? Mir auch.

74

Leider muss ich schnell zur Sache kommen. Wir haben da nämlich ein Problem." Hastig schilderte sie den Grund ihres Kommens. „Können Sie den Musikern helfen?", endete sie außer Atem. Barbara Blocksberg lachte. „Aber gern, Frau Kolumna. Wenn's weiter nichts ist. 'Eene meene Freundschaftsband, Gitarre komm in meine Hand. Hex-hex!'" Doch nichts geschah. Barbara Blocksberg runzelte die Stirn. Hier stimmte doch etwas nicht! Sie wiederholte ihren Hexspruch, doch ohne jede Wirkung. „An mich ist offenbar ein Hilferuf unterwegs", murmelte sie nachdenklich. „Bibi!", schoss es ihr durch den Kopf. Wo war Bibi eigentlich? Sie hatte seit Stunden kein Geräusch mehr aus Bibis Zimmer gehört. „Frau Kolumna", sagte Barbara Blocksberg. „Ich fürchte, ich muss da zunächst einmal ein ganz anderes Problem lösen. Kommen Sie mit."

Barbara lief die Treppe hoch in den ersten Stock ihres Hauses, gefolgt von Karla Kolumna. Bibi war wie erwartet nicht in ihrem Zimmer, und ihr Besen lehnte in einer Ecke. Besorgt lief Barbara weiter in ihr Hexlabor und setzte sich vor ihre Hexenkugel. Die funktionierte zum Glück immer. „Eene meene kurze Frist, zeig mir, was mit Bibi ist. Hex-hex!", rief sie. Und da sah sie die Bescherung: Zwei kleine Mäuse in Jojos Garderobe! Karla Kolumna lachte laut auf, und Barbara schüttelte den Kopf. Was hatte ihre Tochter da nur wieder angestellt! Aber sie war sehr erleichtert, da die Mäuschen offenbar heil und gesund waren. „Frau Kolumna", wandte sie sich an die Reporterin. „Ich muss sofort zu meiner Tochter. Ich nehme meinen Besen. Wenn Sie wollen, können Sie mitfliegen." „Danke, Frau Blocksberg", wehrte Karla Kolumna ab, „Sie wissen doch, beim Fliegen wird mir immer übel. Ich folge Ihnen lieber auf meinen zwei Rädern."

Barbara holte noch schnell Bibis Besen Kartoffelbrei und startete dann ihren Besen Baldrian. In Windeseile flog sie zur Stadthalle, schnurstracks durch die offen stehende Tür von Jojos Garderobe.

Ohne weitere Erklärung ging sie auf Jojos Gitarrentasche zu, hob die beiden Mäuschen aus ihrem Versteck und sagte einen Rückhexspruch: „Eene meene Ziegenbart, seid so wie ihr vorher wart. Hex-hex!" Im Nu standen Bibi und Marita vor der sprachlosen Band. „Bibi", Barbara Blocksberg holte tief Luft. „Was hast du dir dabei

gedacht …", rief sie empört. Bibi drückte ihrer Mutter einen Kuss auf die Wange. „Nicht jetzt, Mami, bitte", unterbrach sie die Vorwürfe. „Ich erklär dir alles später. Gib mir bitte ganz schnell Starthilfe für Kartoffelbrei. Ich hab was Dringendes zu erledigen, und meine Hexkräfte sind im Moment erschöpft." Bibi sah ihre Mutter flehend an. „Vertrau mir, es ist wichtig!" Barbara seufzte tief: „Pass auf dich auf, Bibilein!", und startete Kartoffelbrei mit einem Hexspruch. Der Besen erhob sich in die Luft.

Bibi winkte Jojo und den anderen Bandmitgliedern zu: „Und ihr geht schon mal auf die Bühne!", rief sie. „Ich bin gleich wieder zurück."

Bibi sauste im Schnellflug zur Wohnung von Dennis, durch das Fenster direkt in sein Zimmer. Dennis saß auf seinem Bett mit Jojos Gitarre auf dem Schoß und sprang erschrocken auf. „Bibi", rief er, „was machst du denn hier?" Bibi baute sich empört vor ihm auf. „Sag mal, bist du von allen guten Geistern verlassen? Wieso hast du Jojos Gitarre geklaut?"

Dennis war ein Häufchen Elend und den Tränen nahe. „Das hab ich nicht gewollt, glaub mir!", bat er. „Ich wollte die Gitarre nur mal anfassen, und dann hörte ich plötzlich jemanden kommen … und dann …

dann ging alles so schnell. Ich hab überhaupt nicht mehr nachgedacht. Ich wollte nur weg." „Mann, Dennis, du bist ein Chaot!" Bibi bekam Mitleid mit ihm. „Jetzt gib die Gitarre her, damit das Konzert endlich beginnen kann." Zögernd reichte Dennis Bibi die Gitarre. „Bitte verrat mich nicht, Bibi!", sagte er kleinlaut. „Hältst du mich für eine Petze?", fragte Bibi empört.

Bibi klemmte sich die Gitarre unter den Arm und flog zur Stadthalle zurück. Kartoffelbrei hatte sich nur langsam in Bewegung gesetzt, aber Bibi war froh, daß sie ihn überhaupt starten konnte. Ihre Hexkräfte kehrten offenbar zurück.

Unter den Zuschauern des Konzerts hatte sich inzwischen eine gewisse Spannung ausgebreitet. Die vereinzelten Pfiffe waren verstummt, und alle sahen erwartungsvoll zur Band auf der Bühne. Was ging hier vor? Plötzlich ertönte ein Fluggeräusch in der Luft, und kurz darauf sah man Bibi auf Kartoffelbrei im Anflug auf die Bühne.

Sie landete direkt vor Jojo, stieg von ihrem Besen und überreichte dem verdutz-

ten Jojo seine Gitarre. Sekundenlang war es mucksmäuschenstill im Zuschauerraum. Dann brach ein Riesenapplaus los. Die Zuschauer pfiffen und riefen und klatschten Beifall. Jojo strahlte Bibi an. „Ich hab zwar keine Ahnung, was hier gespielt wird, aber dass du meine Gitarre wieder aufgetrieben hast, das vergess ich dir nie." Bibi sah ihn verlegen an. „Och, nicht der Rede wert", antwortete sie.

Hinter der Band am Ausgang der Bühne entdeckte sie plötzlich ihre Mutter, Karla Kolumna und Marita, die ihr aufgeregt zuwinkten. Jojo war Bibis Blicken gefolgt. Er grinste und ging ans Mikrofon. „Leute", begrüßte er das Publikum. „Schön dass ihr alle da seid, und noch schöner, dass wir endlich anfangen können." Die Zuschauer klatschten begeistert.

„Moment noch", Jojo hob die Hand. „Ein großer Dank an Bibi Blocksberg, ihre Mutter und Karla Kolumna, ohne die das Konzert heute nicht hätte stattfinden können. Bibi", er langte nach Bibis Hand, „Im Namen der Band lade ich euch ein, heute unsere Ehrengäste zu sein."

Bibi war selig. Die Black Feet Boys aus der Nähe mitzuerleben! Das war einfach das Größte! Als das erste Lied geendet hatte, flüsterte sie Marita an ihrer Seite zu: „Marita, kneif mich mal. Ich glaub, ich träume!"

Wie gut kennst Du Bibis Welt?

1. **Wie heißt Bibis Vater?**
   A Burkhard Blocksberg
   B Bernd Blocksberg
   C Bernhard Blocksberg

2. **Wann ist Walpurgisnacht?**
   A In der Nacht vom 31. Oktober auf den 1. November.
   B In der Nacht vom 30. April auf den 1. Mai.
   C In der Nacht vom 31. Dezember auf den 1. Januar.

3. **Wie nennt Bibi ihren Hexenbesen?**
   A Gänseblümchen
   B Kawakasi
   C Kartoffelbrei

4. **Können Männer hexen?**
   A Nein. Die Hexenkraft wird nur von Müttern auf ihre Töchter vererbt.
   B Ja, sie sind genauso gute Hexer wie die Frauen.
   C Ja, aber sie sind schwächer als weibliche Hexen.

5. **Welche Junghexe sieht aus wie eine Punkerin?**
   A Flauipaui
   B Arkadia
   C Schubia

6. **Kann sich Bibi selbst Dinge herbeihexen?**
   A Nein.
   B Ja, aber alles, was sie zu ihrem eigenen Nutzen hext, löst sich nach 7 Tagen in Luft auf.
   C Ja.

7. **Wer ist Karla Kolumna?**
   A Sie ist Bibis Mathelehrerin.
   B Sie ist eine Hexe und alte Freundin von Barbara Blocksberg.
   C Sie ist Journalistin.

8. **Wann sind Hexen erwachsen?**
   A Mit 13 Jahren.
   B Mit 15 Jahren.
   C Mit 18 Jahren.

Dein Ergebnis!

Bis zu vier richtige Antworten: *Wohl noch neu in Neustadt?*
Zwischen 5 und 7 richtigen Antworten: *Du bist ganz schön auf Zack!*
8 richtige Antworten: *Super hexenstark!*

Lösung: 1C, 2B, 3A, 4A, 5C, 6B, 7C, 8B.